# THE
# CANADIAN
# PEACEKEEPER

Colonel John Gardam   OMM CD

Published by

GSPH  GENERAL STORE
PUBLISHING HOUSE INC.

1 Main Street Burnstown, Ontario, Canada K0J 1G0
Telephone (613)432-7697 Fax (613)432-7184

ISBN 0-919431-55-0
Printed and bound in Canada

Layout Design by Leanne Enright
Cover Design by Hugh Malcolm

General Store Publishing House Inc. gratefully acknowledges the assistance of the Ontario
Arts Council.

**Canadian Cataloguing in Publication Data**

Gardam, John 1931-
  The Canadian peacekeeper

Text in English and French

Title on added t.p., inverted: Le gardien de la paix canadien.

ISBN 0-919431-55-0


  1. Canada--Armed Forces--Foreign countries--History
2. United Nations--Armed Forces-- History. 3 United Nations--Canada.
I. Title.   II. Title: Le gardien de la paix canadien.


JX1981.P7G37   1992   355'.3'57'0971    C92-090205-7E


First Printing September 1992

# Table of Contents

# Foreword

This book highlights Canada's involvement in peacekeeping missions and operations over the past 45 years.Of the over 30 missions in which Canadians have participated, all but seven of them have taken place under the blue and white flag of the United Nations. Since 1947 the men and women of the Canadian Forces have been involved in every United Nations peacekeeping mission, a record unsurpassed by any other nation.

There are now over 2,000 Canadian soldiers, sailors and airmen and women on peacekeeping duties in 24 countries around the world. Since Colonel Gardam completed this project, several new missions have entered the planning stage and will undoubtedly be recorded in a future work.

The Canadian Peacekeeper chronicles Canada's military contribution to the pursuit of world peace.

Between the lines of the chapters are the unwritten stories of many individuals who fulfilled their duties in the cause of peace, far from homes and families, under conditions that were often dangerous and always demanding, and in a most respected and professional manner.

This is a history of the men and women who exercised the principles of the United Nations' Charter every day, be it as an individual observer, a member of a unit or a member of a UN Headquarters. Many have the distinction of having completed more than one peacekeeping tour.

This book is dedicated to all past, present and future peacekeepers.


A.J.G.D. de Chastelain

General

Chief of the Defence Staff

# Author's Preface

When I was appointed the Project Director for Canada's Peacekeeping Monument in 1989, I proposed that I write a book, The Canadian Peacekeeper. The National Defence Headquarters Board of Directors agreed and the results are now before you.

The Directorate of History in the Department of National Defence is producing a definitive historical work on the subject of Canadian Peacekeeping. It will not be produced in time for the dedication of the Peacekeeping Monument in October of 1992. This book was not compiled from original historical research. In fact the four hundred and fifty page The Blue Helmets - A review of United Nations Peace-keeping (1990) and Fred Gaffen's: In the Eye of the Storm (Deneau & Wayne (1987) have provided the bulk of the material used to produce The Canadian Peakeeper.

This book was written for these reasons: for Canadian Peackeepers past, present and future - to show where our efforts have been spent in this segment of defence policy since the conclusion of the Second World War; for the Canadian public to explain just why Canada and our Armed Forces are justifiably proud of our record which cannot be matched by any other UN member nation; and as an initial source document for those interested in the subject.

The chapters which follow all include the same general format of authorization and duration, the role of the mission, what it hoped to achieve; expenditure to the UN and to the contributing nations; Principal commanders showing country of origin; the nations who are or who have served in a particular mission; and finally, a brief description of what has happened during the time of the mission, its achievements and failures. The number of casualties are the total recorded by the UN, but no statistic is available to record accurately Canadians who have died whilst peacekeeping. It will be seen that seven of the missions were not under the auspices of the UN but they contributed to peace in some part of the world.

Peacekeeping requires a very small portion of Canada's defence budget but this one facet has provided international recognition. It will be seen that the deterrence to war provided by the North Atlantic Treaty Organization since 1949 and the North American Air Defence Command since 1947 are not reflected in this book but are, or will be recorded elsewhere.

The staff at UN New York have given me their assistance and permission to use material from The Blue Helmets. Mikhail Seliankin was a great help. The Directorate of Peacekeeping Operations in National Defence Headquarters have helped with the many revisions to the manuscript. LGen Bill Milroy assisted with Chapter 13 - Nigeria, Maj J. Morin wrote Chapter 24 on the Persian Gulf, Ray Gagnon of the Canadian Forces Photo Unit assisted with photo selection. I selected photos from private collections but have not credited the sources. Hélène Burns typed the manuscript again and again, Philippe Tanguay translated the text. Various members of the Directorate of History assisted in the final editing. Finally, the entire staff of General Store Publishing House used their professionalism in creating the book. May the book serve its purpose to record, to inform and to provide the basis for further study and research.

# Partners In Peacekeeping

Listed below in alphabetical order are the 79 nations that have been peacekeepers alongside members of the Canadian Armed Forces since 1947. Canada has been involved in every UN mission in addition to seven not under the auspices of the UN.

| | |
|---|---|
| **A** Afghanistan | **J** Jamaica |
| Algeria | Japan |
| Argentina | Jordan |
| Australia | **K** Kenya |
| Austria | **L** Liberia |
| **B** Bangladesh | Luxembourg |
| Barbados | **M** Malaya |
| Belgium | Malaysia |
| Brazil | Mali |
| Bulgaria | Morocco |
| Burma (now Myanmar) | **N** Nepal |
| **C** Ceylon (now Sri Lanka) | Netherlands |
| Chile | New Zealand |
| China | Nigeria |
| Colombia | Norway |
| Congo (now Zaire) | **P** Pakistan |
| Costa Rica | Panama |
| Czechoslovakia | Peru |
| **D** Denmark | Philippines |
| **E** Ecuador | Poland |
| Ethiopia | Portugal |
| **F** Fiji | **R** Romania |
| Finland | **S** Senegal |
| France | Sierra Leone |
| **G** German Democratic Republic | Singapore |
| German Federal Republic | South Africa |
| Ghana | Spain |
| Greece | Sudan |
| Guinea | Sweden |
| Guyana | Switzerland |
| **H** Honduras | **T** Thailand |
| Hungary | Togo |
| **I** India | Trinidad and Tobago |
| Indonesia | Tunisia |
| Iran | Turkey |
| Italy | |

U    United Arab Republic (Egypt)
United Kingdom
Union of Soviet Socialist Republics
United States
Uruguay

V    Venezuela

Y    Yugoslavia

Z    Zambia

# CHAPTER 1

# KOREA 1947 -

**Authorization:** November 14, 1947 - UN Temporary Commission on Korea - (UNTCOK)

**Function:**    To supervise free and secret elections and to oversee the withdrawal of the occupation forces (USSR in the North, USA in the South).

On June 25, 1950, the UN Security Council called for a cessation of hostilities and the return of North Korean forces North of the 38th Parallel.

On July 27, 1953 the Korean Armistice Agreement was signed at Panmunjom ending three years of fighting. United Nations Command Military Armistice Commission (UNCMAC) was formed and is still in force today (1992).

Canadians speak of Korea and seldom realize that the United Nations involvement commenced in 1947. Canada was represented in UNTCOK when efforts were made to create free elections in both North and South Korea. There was success in the South, but the North created the Democratic Peoples' Republic of Korea under the leadership of Kim II Sung.

In 1950, the United Nations Commission warned of impending civil war and on the morning of June 25, 1950 the North invaded the South. In a very short time all of South Korea was conquered except for the Pusan Perimeter, a small area in the southeast of the peninsula.

Troops of the United States along with the remnants of the South Korean Army held on and slowly United Nations contingents from some sixteen nations began to arrive. The third largest contingent was from Canada, led by the 2nd Battalion from the Princess Patricia's Canadian Light Infantry, 2 PPCLI. The Royal Canadian Navy arrived first when they despatched HMCS Cayuga, Athabaskan and Sioux. The Royal Canadian Air Force assigned 426 Squadron (North Stars) which began flying from McChord Air Force Base Washington to Tokyo. When, in December 1950,the UN counter-offensive into North Korea reached the border of China, the Chinese Peoples' Army intervened. The UN forces were forced back to the 39th parallel, North of Seoul. 2 PPCLI went into action in mid-February

1951. In May 1951 the rest of 25th Canadian Infantry Brigade arrived in Pusan.

The war continued until a total of three different Canadian brigade sized formations had served under UN Command, each for one year's duration.

The Royal Canadian Navy destroyers, under United Nations command, performed a variety of tasks: blockading the enemy coast, preventing amphibious landings, screening carriers and bombarding enemy-held coastal areas. The RCAF not only provided air transport support but twenty-two fighter pilots flew with the US Fifth Air Force and they destroyed or damaged twenty enemy jet fighters.

When the fighting stopped on July 27, 1953, over 26,000 Canadians had served in Korea. The cost in human life was high, over 500 were killed or died of wounds or sickness. There are 378 Canadians buried in the United Nations Memorial Cemetery at Tanggok near Pusan. A plaque to unknown graves says in part: ".... They died with men of other countries fighting to uphold the ideals of the United Nations".

The United Nations Command Military Armistice Commission (UNCMAC) was formed after the armistice was signed. Canada has been represented by a liaison office since 1954. In 1980 the Canadian Forces Attaché, Seoul, assumed responsibilities as the Canadian representative.

Prime Minister Louis St Laurent inspecting a 25 Brigade Guard of Honour Commanded by Captain Harry Harkness. Brigadier J V Allard follows. Korea 1954.

# CHAPTER 2

# UNITED NATIONS TRUCE SUPERVISION ORGANIZATION UNTSO 1948 -

**Authorization:** 29 May 1948 (Canada's involvement began in 1954) Still in operation.

**Function:** To assist the Mediator and the Truce Commission in supervising the observance of the truce in Palestine called for by the Security Council. At present, **UNTSO**, with headquarters in Jerusalem, assists and cooperates with UN peacekeeping missions in Syria and Lebanon in the performance of their tasks; observer groups are stationed in Beirut, Southern Lebanon, the Golan Heights and the Sinai, with liaison staff in Gaza and Amman, Jordan

**Duration:** 11 June 1948 to date

**UN Expenditures:**

From inception to 31 December 1989, $310,521,300.

**Chiefs of Staff:**

| | |
|---|---|
| LGen Count Thord Borde (Sweden) | Jun - Jul 1948 |
| MGen A. Lundstrom (Sweden) | Jul - Sep 1948 |
| LGen W. Riley (USA) | Sep 1948 - June 1953 |
| MGen V. Bennike (Denmark) | Jun 1953 - Aug 1954 |
| LGen E.L.M. Burns (Canada) | Aug 1954 - Nov 1956 |
| Col B. Leary (USA) | Nov 1956 - Mar 1958 |
| MGen C von Horn (Sweden) | Mar 1958 - Jul 1960 |
| Col R. Rickert (USA) | Jul - Dec 1960 |
| LGen C. von Horn (Sweden) | Jan 1961 - May 1963 |
| LGen Odd Bull (Norway) | June 1963 - Jul 1970 |
| MGen E. Siilasvuo (Finland) | Aug 1970 - Oct 1973 |
| Col R. Bunworth (Ireland) | Nov 1973 - Mar 1974 |
| MGen B. Liljestrand (Sweden) | Apr 1974 - Aug 1975 |
| Col K. Howard (Australia) | Aug - Dec 1975 |
| MGen E. Erskine (Ghana) | Jan 1976 - Apr 1978 |
| Col W. Callaghan (Ireland) | Apr 1978 - Jun 1979 |

| | |
|---|---|
| Col D. Forsgren (Sweden) | Jun 1979 - Jan 1980 |
| MGen E. Kaira (Finland) | Feb 1980 - Feb 1981 |
| LGen E. Erskine (Ghana) | Feb 1981 - May 1986 |
| LGen W. Callaghan (Ireland) | May 1986 - June 1987 |
| LGen M. Vadset (Norway) | June 1987 - Oct 1990 |
| MGen Christensen (Finland) | Oct 1990 - present |

**Nations Contributing Observers**: Argentina, Australia, Austria, Belgium, Burma (now Myanmar), Canada, Chile, China, Denmark, Finland, France, Ireland, Italy, Netherlands, New Zealand, Norway, Sweden, Switzerland, USSR, and USA. (Belgium, France, Sweden, and the USA have been in **UNTSO** since 1948). Canada sent its first observers with LGen Burns in 1954).

At the end of the Arab-Israeli war of 1948 the truce had to be supervised. The creation of **UNTSO** one year later saw UN military observers (UNMOs) begin to supervise the Armistice Agreements between Israel and the neighbouring Arab countries. The task still goes on today, after many changes to their mandate and configuration.

Since its inception **UNTSO** has seen four major wars in the Middle East. The UNMOs have been used as a stabilizing medium to create cease fires and act as go-betweens to prevent even larger conflicts.

**UNTSO** members carry no weapons but have continued to undertake hazardous missions and to date twenty eight have died from hostile acts or accidents. The first death was that of Count Folke Bernadotte of Sweden who was assassinated on 17 September 1948 while acting as the UN mediator.

The UNMO carries out his duties by observing and reporting activities in Southern Lebanon, Syria, the Sinai, Beirut and around Israel, and by defusing volatile situations, with patience, professional military skills and the ability to keep cool under pressure. There were nineteen Canadian UNMOs serving with **UNTSO** in 1991.

This peacekeeping operation has provided countless numbers of trained UNMOs to enable new peacekeeping forces to be created in many parts of the world. **UNTSO** has produced some twenty military commanders with extensive peacekeeping command experience.

LGen Erskine, center with UNMOs from Netherlands Austria and Canada OP 58 Jan 1983.

## CHAPTER 3

# UNITED NATIONS MILITARY OBSERVER GROUP IN INDIA AND PAKISTAN UNMOGIP 1949 -

**Authorization:** 21 April 1948
Still in operation.

**Function:**    To supervise in the State of Jammu and Kashmir, the cease fire between India and Pakistan.

**Current Strength:**
36 Military Observers. Canada withdrew its observers in 1979.

**Duration:**    24 January 1949 to date.

**UN Expenditures:**

From inception to 31 December 1989 $67,709,300.

**Chief Military Observers:**

| | |
|---|---|
| BGen H. Angle (Canada) | Nov 1949 - July 1950 |
| Col S. Coblentz (USA) | July 1950 - Oct 1950 |
| LGen R. Nimmo (Australia) | Oct 1950 - Jan 1966 |
| Col J. Gauthier (Canada) | Jan 1966 - Jul 1966 |
| LGen L. Tassara-Gonzalez (Chile) | July 1966 - June 1977 |
| LCol P. Bergevin (Canada) | June 1977 - Apr 1978 |
| LCol P. Pospisil (Canada) | Apr 1978 - June 1978 |
| BGen S. Waldenstrom (Sweden) | June 1978 - June 1982 |
| BGen T. Johnsen (Norway) | June 1982 - May 1986 |
| LCol G. Beltracchi (Italy) | May 86 - July 1986 |
| BGen A. Hammer (Norway) | Aug 1986 - Aug 1987 |
| LCol G. Beltracchi (Italy) | Aug 1987 - Sep 1987 |
| BGen J. Parker (Ireland) | Sep 1987 - May 1989 |
| LCol M. Fiorese (Italy) | May 1989 - June 1989 |
| BGen J. Enright (Ireland) | June 1989 - to date |

**Nations Contributing Observers:** Australia, Belgium, Canada Chile, Denmark, Ecuador, Finland, Italy, Mexico, New Zealand, Norway, Sweden, Uruguay and the USA.

When India and Pakistan became separate nations in 1947 the State of Jammu and Kashmir was given the option to accede to either India or Pakistan. The decision to join one or the other created a dispute and fighting broke out, with India charging that Kashmir was being invaded by Pakistan. Pakistan denied the charge and claimed that Kashmir's accession to India in 1947 was in fact illegal. In 1948 after an initial attempt to establish a UN Commission which was to "exercise (a) mediatory influence" it became obvious that observers had to be with the opposing armies to create a situation conducive to holding a plebiscite on the Kashmir. A cease fire was accepted on 1 January 1949 and the observers took up their positions in Pakistan on 3 February and in India a week later. Headquarters were set up in Rawalpindi, Pakistan and in Srinagar, India.

Creating a cease fire line, monitoring disagreements and preventing additional troops moving into Kashmir were just three of the tasks assigned to **UNMOGIP**. BGen Angle of Canada was appointed as the Chief Military Observer, a post he held until killed in an air crash in July 1950. The situation remained stable until 1965 when full-scale hostilities broke out along the cease fire line. **UNIPOM** was created in 1966 to stabilize the situation.

**UNMOGIP** carried out its task until the summer of 1971 when once again India and Pakistan went to war. It took all the efforts of the UN to bring the situation under control the following December. The situation was no

PMR 74-834 India Pakistan 1970 near KARGIL Caribou Aircraft. 9,500' Himalayas

closer to resolution, with India claiming that Kashmir was part of India and Pakistan claiming the territory under dispute. It was up to the UN Security Council to settle its status.

In 1972 the two nations agreed to a Line of Control in Kashmir and the UN continues to maintain UNMOs in both India and Pakistan. The Headquarters alternates between Rawalpindi and Srinagar with Canada supplying a C130 Hercules to carry out the move. Canadian observers were withdrawn in 1979. There have been five fatalities in the history of this mission.

# CHAPTER 4

# INTERNATIONAL COMMISSION FOR SUPERVISION AND CONTROL ICSC 1954 - 1974

**Authorization:** The Geneva Accords 20 - 21 July 1954

Not under the auspices of the United Nations.

Ceased to function in all areas - 15 June 1974

**Function:**    To ensure the cease fire was obeyed, to assist in restoring order as military forces transferred to their respective areas, and to control the entry of unauthorized military personnel and war materiel.

Canadian participation was unique in that civilians from External Affairs joined with military observers on a rough ratio of 25% civilian and 75% military. The Canadian Army provided most of the military with the RCN and RCAF each supplying three observers. India and Poland were the other nations providing observers.

**Casualties:** Sgt J.S. Byrne and Corporal V.J. Perkin killed in a plane crash 18 October 1965.

The first peacekeeping operation "in which Canada participated outside the United Nations resulted from a conference held in Geneva in the summer of 1954" (the Armed Forces of Canada 1867-1967 LCol D.J. Goodspeed).

As the war between France and the Viet Minh came to an end in Indo China in 1954 three nations, Cambodia, Laos and Viet Nam, emerged. The United Nations decided not to deal with the problem for China, one of the principals involved, was not a UN member. The two other nations who supplied diplomats and observers were India and Poland.

The three Commissions were established on 11 Aug 1954 and in less than a month over one hundred Canadians - civilian and military - were on duty. Patrols were instigated, check points established and a routine of investigating cease fire violations, prisoner exchange and controlling the movement of material and personnel began. In Cambodia and Laos such operations were reasonably successful. In Viet Nam controlling the situation proved a far more difficult task. The large movement of Roman Catholics into the South, the infiltration of the North Vietnamese military and the uncooperative nature of the Polish delegates made some Canadians feel hopeless.

By 1972 the Canadian delegation in Viet Nam had shrunk to about twenty members, while Cambodia and Laos had long since been closed out. In March of 1973 all that was left was to close out and go home.

Cambodia March 1955. Rita the elephant gives a ride to Maj Malone - Canada, LCdr Malia Singh - India and a Polish Major. The elephant assists by bending her knee.

# CHAPTER 5

# FIRST UNITED NATIONS EMERGENCY FORCE UNEF I 1956 - 1967

**Authorization:** 4 November 1956

Ceased operations 17 June 1967.

**Function:** To secure and to supervise the cessation of hostilities, including the withdrawal of the armed forces of French, Israeli and the United Kingdom troops from Egyptian territory, and after the withdrawal to serve as a buffer between Egyptian and Israeli forces.

**Canadian Participation:** Armoured reconnaissance squadron, signal, engineer, air and land transport, maintenance, movement control units and an infantry platoon. HMCS Magnificent, an aircraft carrier, transported troops and equipment from Halifax to Port Said 29 Dec 1956 - 11 Jan 1957.

**Commanders:**

| | |
|---|---|
| LGen E.L.M. Burns (Canada) | Nov 1956 - Dec 1958 |
| LGen P.S. Gyani (India) | Dec 1959 - Jan 1964 |
| MGen C.S. Paiva Chaves (Brazil) | Jan 1964 - Aug 1964 |
| Col L. Musicki (Yugoslavia) | Aug 1964 - Jan 1965 |
| MGen S. Sarmento (Brazil) | Jan 1965 - Jan 1966 |
| MGen I.J. Rikhye (India) | Jan 1966 - Jun 1967 |

**Nations Contributing Troops:** Brazil, Canada, Columbia, Denmark, Finland, India, Indonesia, Norway, Sweden and Yugoslavia.

The 1949 General Armistice Agreement between Egypt and Israel was seriously threatened when Israel, France and the United Kingdom invaded Egyptian territory in 1956, after withdrawal of financial support for the Aswan Dam project on the Nile River led Egypt to nationalize the Suez Canal. In an all out attack, Israel seized the Negev while the UK and France seized the Canal. General Burns of Canada, serving with **UNTSO** at the time, called for a cease fire. In the first week of November efforts were made to stop the war. On the 7th, Israel was requested to withdraw its forces to the original Armistice Demarkation Line (ADL) and France and the United Kingdom were requested to withdraw all forces from Egypt. The first UN peacekeeping force **UNEF** was created and much of the credit went to Lester B. Pearson of Canada (who received a Nobel Peace Prize), and Dag Hammarskjold, Secretary General of the UN.

An important aspect of **UNEF** was that it could only enter Egypt and operate from its territory with the consent of the Egyptian government, an agreement that was to have important repercussions nine years later.

Canada's offer of a national contingent was accepted, though an infantry battalion (Queens Own Rifles, from Calgary) was not sent because of Egyptian objections. President Nasser and Dr Fawzi of Egypt pointed out to General Burns that "Canadian soldiers were also soldiers of Queen Elizabeth, whom the Egyptian population would be incapable of distinguishing from the British invaders". (<u>Between</u> <u>Arab and Israeli</u> - Burns). As Israeli troops withdrew 56 Canadian Reconnaissance Squadron and other elements followed. Units were stationed along the ADL and the Canadians patrolled the northern 27 miles of the Israeli/Egyptian border (IF) while the Yugoslav battalion took responsibility for the remaining one hundred or so miles to the Gulf of Aquaba.

The next ten years passed without disruption but in other parts of the Middle East unrest was on the rise. For example, Syria and Israel skirmished in the area of Lake Tiberias. In May 1967 the **UNEF** Commander, in accordance with the **UNEF** and host country agreement, was ordered to withdraw his forces from El Sabka and Sharm el Sheikh, while Israel would not allow **UNEF** to move onto its territory to maintain the buffer. Egypt closed the Strait of Tiran to shipping on 22 May and on 5 June another war erupted. Fifteen **UNEF** soldiers (no Canadians) were killed in the withdrawal. The Commander and his staff left on 17 June, ending **UNEF**'s presence in the area.

Canadians join U.N. Force in Egypt. The first contingent of Canadian troops to reach Egypt as part of the United Nations emergency force marches from a plane at Abu Suweir airport, near Ismailia, Nov. 24. Major Norman Trower, right, leads them. Canadians are slated to proceed to Port Said to replace anglo-french invasion forces. 11/26/56

## CHAPTER 6

# UNITED NATIONS OBSERVATION GROUP IN LEBANON UNOGIL 1958

**Authorization:** UN resolution 11 June 1958

Ceased to operate 9 December 1958.

**Function:.**     To ensure that there is no illegal infiltration of personnel or supply of arms or other materiel across the Lebanese borders.

**Members of Observer Group:**

Galo Plaza of Ecuador. (Chairman)

Rajeshwar Dayal of India.

MGen Odd Bull of Norway.

**Contributing Nations:** Afghanistan, Argentina, Burma, (now Myanmar) Canada, Ceylon (now Sri Lanka), Chile, Denmark, Ecuador, Finland, India, Indonesia, Ireland, Italy, Nepal, the Netherlands, New Zealand, Norway, Peru, Portugal, and Thailand.

The operation began on 19 June under the personal guidance of Dag Hammarskjold to ascertain if the United Arab Republic (in this case Syria) was interfering in Lebanese affairs. **UNOGIL** was to conduct patrols using white painted UN jeeps. Permanent observation posts were to be set up, reporting to the headquarters in Beirut by radio, while an emergency reserve was to be made available for emergencies. An evaluation team was to coordinate the collection and collation of information, aerial reconnaissance would be conducted by helicopter and light aircraft while the Lebanese Government would report all cases of suspected infiltration.

**UNOGIL** had a difficult time getting all parties to cooperate and it was not until mid-July that full access to all areas became possible. On 16 July **UNOGIL** reported that it had complete access to Lebanon's whole frontier. United States troops landed in force on 15 July to bolster the Lebanese Government, but were confined to the beach area, while British forces were deployed in Jordan. By early November both British and US forces were withdrawn and by 21 November a plan to withdraw **UNOGIL** was approved; it was implemented by 9 December 1958 as calm had returned to the area.

Capt Alf Rasmussen with local defence militia at El Kak - 1958

## CHAPTER 7

# UNITED NATIONS OPERATION IN THE CONGO ONUC 1960 - 1964

**Authorization:** 14 July 1960

Ceased to operate 30 June 1964.

**Function:** To ensure the withdrawal of the Belgian Forces. To assist the government in maintaining law and order. Maintain territorial integrity and the political independence of the Congo. Prevent civil war and remove foreign military and paramilitary forces not under UN command.

**UN Expenditures:** Inception to end of mission $400,130,793.

**Commanders:**

| | |
|---|---|
| LGen C. von Horn (Sweden) | Jul - Dec 1960 |
| LGen S. MacEoin (Ireland) | Jan 1961 - Mar 1962 |
| LGen K. Guebre (Ethiopia) | Aug 1962 - Jul 1963 |
| MGen C. Kaldager (Norway) | Aug - Dec 1963 |
| MGen A. Ironsi (Nigeria) | Jan - Jun 1964 |

**Contributing Nations:** Argentina, Austria, Brazil, Burma (now Myanmar), Canada, Ceylon (now Sri Lanka), Denmark, Ethiopia, Ghana, Guinea, India, Indonesia, Iran, Ireland, Italy, Liberia, Malaya, Federation of Mali and Senegal, Morocco, Netherlands, Nigeria, Norway, Pakistan, Philippines, Sierra Leone, Sudan, Sweden, Tunisia, United Arab Republic (Egypt) and Yugoslavia. From February 1963 to June 1964 a battalion of the Congolese National Army joined **ONUC.**

**ONUC** was created to preserve peace and security, but Katanga's desire for succession, though it was not supposed to be part of the mandate of the UN Force, became one of its most critical issues. In February 1961, the UN tried to get all Belgian nationals to leave the Congo. Belgian mercenaries remained thus complicating matters both in the UN Assembly and in the field.

Canada's main task was to provide communications and liaison officers with the headquarters of the various infantry battalion headquarters. Over two hundred signallers were employed in small detachments throughout the Congo. LCol Paul Mayer and Sgt Lessard won the George Medal for

LCol Paul Mayer's Helicopter is inspected by B Gen J A Dextraze, UN Chief of Staff. There are 27 bullet holes in Maj Harry Ashbury (retired) (USA) plane. This photo taken on January 25 1964 the day Paul Mayer rescued missionaries from the rebel Congolese.

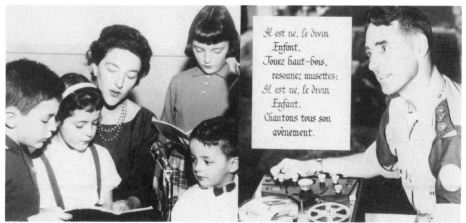

Capt Jean Pariseau, P.P.C.L.I., listens to a tape recording of Christmas carols sung by the members of his family stationed in Edmonton, Alberta. L to R: Jacques (11), Suzanne (7), Thérèse née Maisonneuve (wife), Jocelyne (9), and Robert (4). Courtesy the Western Command H.Q. Public Relations Section. Capt Pariseau, who had just completed a four month tour of duty in Stanleyville, had been recalled to Léopoldville by Col Paul Smith after the Ghanaian Embassy Affair, in order to organize the defence perimeter at the Athénée Royale Lycée which housed 57 Canadian Signals Unit H.Q. Depicted in this photo montage is an unusual feature of UN peacekeeping duties: the family that was left behind.

saving over a hundred missionaries in Kwilu Province. The great tragedy for the UN was the death of Dag Hammarskjold and seven of his staff in a plane crash on 17 September 1961, just three days later a cease fire was signed. Slowly, calm returned to the Congo but military forces remained until 30 June 1964. This was the first time UN military forces had been used entirely within a sovereign state.

## CHAPTER 8

# UNITED NATIONS TEMPORARY EXECUTIVE AUTHORITY IN WEST NEW GUINEA (WEST IRIAN) UNTEA

**Authorization:** 21 September 1962

Ceased to operate 30 April 1963.

**Function:**     To maintain peace and security in the territory under the United Nations Temporary Executive Authority, **UNTEA**, established by agreement between Indonesia and the Netherlands.

Cost of Entire operation borne by Indonesia and the Netherlands.

**Commander:**  MGen S.U. Khan (Pakistan).

**Contributing Nations:** Canada, Pakistan and the USA.  Military observers  provided (18 Aug - 21 Sep 1962) from Brazil, Ceylon (now Sri Lanka), India, Ireland, Nigeria and Sweden.

From 1954 to 1961 various discussions were held to determine the eventual withdrawal of the Netherlands administration from West New Guinea and the assumption of Indonesian control of the area.  In early 1962, Indonesian parachutists landed and the Netherlands charged their government with aggression.  Indonesia countered by laying claim to West Irian.  The eventual outcome was that in August 1962 an agreement was signed in New York whereby the UN assumed administrative control of West Irian, maintained law and order and ensured normal services until 1 May 1963 when Indonesia would assume sole control.  Canada's involvement in this peacekeeping mission was the provision of officers and men of the RCAF and two float-equipped Otter aircraft.  On 31 December 1962, the Netherlands flag was replaced and full administrative control eventually passed from the UN to the newly elected government.

The Otter used in West New Guinea by the RCAF 1962-1963.

## CHAPTER 9

# UNITED NATIONS YEMEN OBSERVATION MISSION UNYOM 1963 - 1964

**Authorization:** 11 June 1963

Ceased operations 4 September 1964.

**Function:**     To observe and certify the implementation of the disengagement agreement between Saudi Arabia and the United Arab Republic (Egypt).

Cost of entire operation born by Saudi Arabia and Egypt.

**Commanders:**

| | |
|---|---|
| LGen von Horn (Sweden) | Jul - Aug 1963 |
| Col B. Pavlovic (Yugoslavia) | Aug - Sep 1963 |
| LGen P. Gyani (India) | Sep - Nov 1963 |

**Contributing Nations:** Australia, Canada, Denmark, Ghana, India, Italy, Netherlands, Norway, Pakistan, Sweden and Yugoslavia.

Civil war broke out in Yemen in September 1962. The conflict took on international overtones when the United Arab Republic (Egypt) and Saudi Arabia became involved, supporting republican and monarchist forces respectively. The case came before the General Assembly of the UN in November with both royalists and republicans vying for recognition. The republicans won their case but King Hussein of Jordan recommended that UN observers be sent to keep watch over a demilitarized zone, and **UNYOM** was established.

Saudi Arabia was to cease aiding the royalists and Egypt was to withdraw its troops which were assisting the republicans. The UN force comprised observers, a reconnaissance battalion plus an RCAF unit of six fixed wing and six helicopters plus crews.

**UNYOM** was based upon an unusual agreement for as there was no cease fire, all observers  could do was report on the activities of Saudi and Egyptian forces as they left Yemen. The task was complicated by local tribes travelling at night, when it was cool, and crossing the demilitarized zone as they wished. While air patrols could report violations, they could not stop them. Despite these shortcomings the mission made progress from its inception before it withdrew on 4 September 1964 when succesful negotiations between Egypt and Saudi Arabia were completed.

RCAF 115 Air Transport Unit serving in Yemen. 1963-1964

# CHAPTER 10

# UNITED NATIONS PEACE KEEPING FORCE IN CYPRUS UNFICYP 1964

**Authorization:** 4 March 1964

Still in operation.

**Function:**    In the interest of preserving international peace and security, to use its best efforts to prevent recurrence of fighting and, as necessary, to contribute to the maintenance and restoration of law and order and a return to normal conditions. Since 1974 to supervise the cease fire and maintain a buffer zone between the lines of Cyprus National Guard and of Turkish and Turkish/Cypriot forces.

Cost by voluntary contributions by participating member nations - $635.7 million.

**Commanders:**

| | |
|---|---|
| LGen P. Gyani (India) | March - June 1964 |
| General K.S. Thimayya (India) | June 1964 - December 1965 |
| BGen A. Wilson (UK) | December 1965 - May 1966 |
| LGen I. Martola (Finland) | May 1966 - December 1969 |
| LGen D. Prem Chand (India) | December 1969 - December 1976 |
| MGen J. Quinn (Ireland) | December 1976 - February 1981 |
| MGen G. Greindl (Austria) | March 1981 - April 1989 |
| MGen C. Milner (Canada) | April 1989 - to date |

**Contributing Nations:** Australia, Austria, Canada, Denmark, Finland, Ireland, New Zealand, Sweden and United Kingdom.

Cyprus has been Canada's most extensive commitment.

The Republic of Cyprus was founded in August 1960 and became a member of the UN. It was governed under the concept of joint representation for Turkish and Greek Cypriots, but only for three years, after which there was an attempt to amend the constitution, leading in December 1963, to violence between the two communities. National units from Turkey began planning to reinforce Turkish Cypriot's cause. As 1963 drew to a close the problem was brought before the UN Security Council, and General Gyani of India was sent to Cyprus in early 1964 to assess the situation. An attempt to launch both British Commonwealth and NATO peacekeeping missions failed. On 11 March, Turkey issued an ultimatum. Paul Martin, Canada's Secretary of State, forged necessary world support to create the UN Force. In just two days the UN, Canada's Parliament, and the Canadian Military had a Canadian contingent enroute to Cyprus. The force would be paid for by contributing nations and was expected to be in place for "just three months". HMCS Bonaventure carried troops and equipment and the RCAF flew in C130 Hercules loaded with equipment and several Yukons loaded with personnel. The Canadian Contingent was established in the Kyrenia Road area and along the Green Line in Nicosia. Until 1974, when the fragile peace was shattered by a Turkish invasion, peacekeepers managed to negotiate settlements, stop flare-ups, assist civilians, and resolve security problems created by both sides.

On 20 July 1974, Turkish tank and parachute forces landed to ensure the safety of the Turkish Cypriots after a military junta in Greece toppled the government in Cyprus in an attempt to create enosis (the union of Cyprus with Greece). Within a month there were 40,000 soldiers and four hundred Turkish tanks in Cyprus which controlled 40% of the Island. Canadian peacekeepers were caught in the cross-fire and had to redeploy, and it was not until mid-August that a cease fire could be obtained through the UN Security Council. A Buffer Zone was set up from Kato Pyrgos in the Northwest to Dherinia in the east, from seven to twenty metres wide and covering 3% of the Island. There were 576 Canadians serving in Cyprus in 1991.

**UNFICYP** has been in operation since 1964. For the past 28 years Canadians have rotated every six months with some returning for a second or third tour. Total casualties from all nations to date amount to 154.

Polycarpos Yorgadjis, Acting Defence Minister/Interior Minister discusses the fighting around St Hilarion Castle in April 1964 with 2LT Scotty Alexander, RCD.

## CHAPTER 11

# MISSION OF THE REPRESENTATIVE OF THE SECRETARY-GENERAL IN THE DOMINICAN REPUBLIC DOMREP 1965 - 1966

**Authorization:** 14 May 1965

Ceased operations 22 October 1966.

**Function:**    To observe the situation and to report on breaches of the cease fire between the two rival factions.

**Cost to the UN:** $275,831

**Contributing Nations:** Canada, Ecuador and Brazil, with two observers at any one time.

**Military Advisers:**

| | |
|---|---|
| MGen I. Rikhye (India). | May 1965 - Dec 1965. |
| LCol P. Mayer (Canada) | Jan - Oct 1966. |

In April 1965 a military coup overthrew the government in the Dominican Republic and two rival factions began a civil war. In order to protect American civilians, a 12,000 man force from the USA landed. With full cooperation from the Organization of American States (OAS) some 1700 soldiers from six Latin America countries joined the US Forces, their major task being the restoration of peace.

In May, the Assistant Secretary General of the OAS informed the UN Security Council of the multi-national force's aims. The UN Security Council urged that a representative from the UN Secretary General be dispatched to the Dominican Republic, and José Mayobne of Venezuela went, along with MGen Rikhye of India, the two arriving on 15 May. Two military observers from either Canada, Brazil or Ecuador were to coordinate actions with the Inter-American Peace Force (IAPF).

Various attempts at negotiating a cease fire were attempted between the OAS, the two Dominican Republic factions and the UN. The latter made constant reports to the General Assembly thus maintaining pressure to resolve the problem. By July some IAPF forces were withdrawn and by August it was agreed that Joaquin Balaguer would form a government, and he became President of the Provisional Government in September. Potential conflict between rival military factions of the Dominican Republic were slowly brought under control and in June 1966 elections were scheduled. In December 1965, however, heavy fighting and terrorist activities broke out, but in January 1966 calm was restored. On 1 June the election was held and the government installed a month later. IAPF was finally withdrawn on 21 December 1966 and the United Nations mission ceased operations a month later.

Paul Mayer, the only Canadian to serve with DOMREP 1965-1966

## CHAPTER 12

# UNITED NATIONS INDIA-PAKISTAN OBSERVATION MISSION UNIPOM 1965 - 1966

**Authorization:** 20 September 1965

Ceased operations 22 march 1966.

**Function:**     To supervise the cease fire along the India/Pakistan border except the state of Jammu and Kashmir (UNMOGIP territory) and the withdrawal of all armed personnel to the positions they held before 5 August 1965.

**Cost to the UN:** $1,713,280

**Commander:**
        MGen Bruce Macdonald (Canada) for the entire period.

**Contributing Nations:** During the initial stage: Australia, Belgium, Canada, Chile, Denmark, Finland, Ireland, Italy, Netherlands, New Zealand, Norway and Sweden. There were UNMOs from **UNTSO** and **UNMOGIP**. During period September 1965 to March 1966: Brazil, Burma (Now Myanmar), Canada, Ceylon (now Sri Lanka) Ethiopia, Ireland, Nepal, Netherlands, Nigeria and Venezuela.

In early 1965 conflicting claims over the Rann of Kutch territory brought India and Pakistan into armed conflict. The UN Security Council requested a cease fire on 4 September, while **UNMOGIP** had to be strengthened for it was not large enough to observe the cease fire and supervise the withdrawal of the two protagonists. By 20 September the fighting had spread to the borders of India and West Pakistan and after negotiations a cease fire was once more ordered for 22 September and, more important, Indian and Pakistani troops were to withdraw to the positions they had held on 5 August. As the dispute had spread beyond **UNMOGIP**'s area it was decided to set up an additional force, **UNIPOM**, for the sole purpose of managing the cease fire within the contentious area. It took until December 1965 for **UNIPOM** to get the two sides to stop fighting and to agree to withdraw.

In January 1966 the leaders of India and Pakistan met in Tashkent, USSR, where they agreed to stop the fighting and comply with the UN resolutions concerning withdrawals. On 26 February the Secretary-General was able to report that the withdrawals had been completed and **UNIPOM's** mission ceased on 22 March. **UNMOGIP** assumed full control once again on 22 March 1966.

Maj Rene Gutknecht receiving his UNIPOM medal from MGen Bruce Macdonald Lahore Pakistan March 1966

## CHAPTER 13

# OBSERVER TEAM TO NIGERIA
# OTN 1968 - 1969

**Authorization:** September 1968

Not under the auspices of the United Nations.

Ceased operations 1970.

**Function:**   To observe the Nigerian Armed Forces to ascertain if they were following their own code of conduct and to investigate charges that the military was guilty of genocide.

**Contributing Nations:** Canada, Organization of African Unity, Poland, Sweden and United Kingdom. (UN Secretary-General involved).

In late May 1967 the Eastern Region of Nigeria declared itself independent as the Republic of Biafra. The result was a civil war. This was closely covered by the world media, resulting in a call to stop the ill treatment of the people in the disputed areas. The United Kingdom called for a peacekeeping/observer force and asked that Canada's commitment equal that of the UK, while the Nigerian government requested a team of international observers. The team began its work on 25 September. An unusual aspect of this mission was that observers reported, after each inspection tour, to the international press and, in some cases, took journalists on the actual inspections. In the main the Nigerian Armed Forces were not disobeying their code of conduct and there was no evidence of genocide (starvation yes, but no actual premeditated killings). The Canadian team consisted of just two officers, BGen Milroy and LCol Pennington, followed by BGen Hamilton and Maj Harper, followed by BGen Drewry and Maj Bristowe. All Canadian support was withdrawn in early 1970 when the peace negotiation drawn up by Drewry and Bristowe of Canada was signed.

BGen Bill Milroy Nigeria 1968.

# CHAPTER 14

# SECOND UNITED NATIONS EMERGENCY FORCE UNEF II 1973 - 1979

**Authorization:** 25 October 1973

Canada ceased operations 24 July 1979.

**Function:** To supervise the cease fire between Egyptian and Israeli Forces following the 18 Jan 1974 and 4 Sep 1974 agreements. To supervise the redeployment of both Egyptian and Israeli Forces, man and control the buffer zones.

**Cost to the UN:** $446,487,000

**Commanders:**

| | |
|---|---|
| LGen E. Siilasvuo (Finland) | 25 Oct 1973 - 19 Aug 1975 |
| LGen B. Liljestrand (Sweden) | 20 Aug 1975 - 30 Nov 1976 |
| MGen R. Abin (Indonesia) | 1 Dec 1976 - 6 Sep 1979 |

**Contributing Nations:** Australia, Austria, Canada, Finland, Ghana, Indonesia, Ireland, Nepal, Panama, Peru, Poland, Senegal and Sweden.

In early October 1973 the Egyptian Army crossed the Suez Canal and attacked Israeli positions. Simultaneously, the Syrians attacked the Israeli Forces in the Golan Heights area. The UN Security Council met from 8 to 12 October 1973 but reached no decision regarding action.

Just over a week later an Israeli counter-attack crossed the Canal and cut off the Egyptian Third Army. The USSR and US requested that the Security Council call an urgent meeting in order to call for a cease fire. The situation in Egypt was critical and PresidentAnwar Sadat requested both US and USSR Forces to enforce the cease fire. The Secretary-General produced a resolution calling for an increase in **UNTSO** observers in the area and for additional troops to follow until **UNEF II**, formed at this time, reached 7,000 troops.

Canada provided 1,000 logistics troops and later 800 Polish troops joined them. Their six month mandate was renewed eight times. The immediate aim of the UN was to prevent the fighting, stop Israeli and Egypt forces from advancing towards each other, and to ensure non-military supplies reached troops cut off from their own supply bases.

Beginning in early November 1973, UN troops replaced the Israelies in Egypt, prisoners were exchanged and the war dead sent back to their own country. In early January 1974, **UNEF II** established itself between the two protagonists, the deployment continuing until the autumn. The entire operation took just over a year with the Israeli phased withdrawal to be completed in three years. The **UNEF II** mandate lapsed on 24 July 1979, when it became redundant by the Camp David Accord between Israel and Egypt.

Sgt Gerry Cameron working with a civilian carpenter, Mohamed Mamdouk Taher - UN Maintenance area  Ismalia Egypt -1977.

## CHAPTER 15

# INTERNATIONAL COMMISSION OF CONTROL AND SUPERVISION ICCS 1973

**Authorization:** January 1973

Not under the auspices of the United Nations.

Canada ceased operations July 1973.

**Function:**     To monitor the cease fire in South Vietnam, supervise the exchange of prisoners and ensure no buildup of military equipment.

**Contributing Nations:** Canada, Hungary, Indonesia and Poland. (Canadian delegation composed of over two hundred CF members and fifty from External Affairs).

The **ICCS** was organized along the same lines as the earlier **ICSC** (see Chapter 4). The head of the Canadian delegation was Ambassador Michel Gauvin and MGen Duncan McAlpine was the senior military adviser. A cease fire had gone into effect two days before the Canadians arrived on 27 January 1973, and American troops were to be fully withdrawn in just sixty days. Canadians held the senior appointments in administration, communications, transportation, supply, investigations of prisoner exchange and press information. They, in fact, ran the **ICCS**.

Team sites, mobile teams and port of entry control points were set up. During February and March teams were deployed in South Vietnam, including a number in Viet Cong held areas.

During March and April the number of investigations increased as the American forces withdrew, Canadians used cameras and tape recorders to gather evidence. Health conditions were bad and sickness put observers from field sites into hospital. The first loss of life occurred on 7 April 1973 when an **ICCS** helicopter was shot down by Communist fire, and of the eight killed, Capt Laviolette, an Armoured officer, was the only Canadian.

After two extensions beyond the original mandate the Canadians left on 31 July 1973. Two Canadian destroyers, HMCS Terra Nova and Kootenay had remained on station in the China Sea to provide a means of evacuation if required.

During the the mission's duration, 32,000 prisoners of war were exchanged, 1700 civilian detainees were released and over 1000 investigations completed.

The **ICCS** continued to operate for two years after the Canadians left. The other three nations departed when they could no longer effectively carry out their role.

The Release of Captains Patton and Thompson to the Canadian Rescue Team South Vietnam Jul 73. The four Canadian Officers in the picture L-R Capt Wayne Denke, LCol Lew West Team Leader, Capt Ian Patton & Capt Fletcher Thompson.

# CHAPTER 16

# UNITED NATIONS DISENGAGEMENT OBSERVER FORCE UNDOF 1974 -

**Authorization:** 31 May 1974

Still in operation.

**Function.**   To supervise the cease-fire between Israel and Syria and to supervise their forces on either side of a buffer zone established in accordance with the Agreement on Disengagement between Israel and Syria.

**Cost to the UN:** From inception to 31 May 1991 - $473.1 million.

**Commanders:**

| | |
|---|---|
| BGen G. Zevallos (Peru) | 3 Jun - 14 Dec 1974 |
| Col H. Philip (Austria) | 15 Dec 1974 - 7 Jul 1975 |
| (as a MGen) | 8 Jul 1975 - 21 Apr 1979 |
| Col G. Greindl (Austria) | 22 Apr - 30 Nov 1979 |
| (as a MGen) | 1 Dec 1979 - 25 Feb 1981 |
| MGen E.R. Kaira (Finland) | 26 Feb 1981 - 31 May 1982 |
| MGen C.G. Stahl (Sweden) | 1 Jun 1982 - 31 May 1985 |
| MGen G. Hagglund (Finland) | 1 Jun 1985 - 31 May 1986 |
| BGen D. Yuill (Canada) | 1 Jun 1986 - 30 Jun 1986 |
| MGen N. Welin (Sweden) | 1 Jul 1986 - 9 Sep 1988 |
| MGen A. Radauer (Austria) | 10 Sep 1988 - 30 Sep 1991 |
| MGen R. Misztel (Poland) | 1 Oct 1991 - |

**Contributing Nations:** Austria, Canada, Finland Iran, Peru and Poland.

As the fighting came to an end in the **UNEF II** area world attention turned to the Syrian-Israeli front. Fighting had subsided in 1973 and UN observers had established observation posts. In early March 1974, and for the following three months, the number and intensity of cross-border incidents rose. The United States Secretary of State negotiated an Agreement of Disengagement between the two protagonists in May 1974. Israel and

Syria were to observe a cease-fire on land, at sea and in the air. There was to be an area of physical separation, forces would pull back, prisoners of war were to be exchanged and the war dead returned for burial. On 31 May 1974 the USA representative at the UN requested the Security Council to reorganize the Agreement and set up a UN force to implement it. **UNDOF** was created and established for an initial period of six months.

The decision was made to use field troops from the Austrian and Peruvian contingents already in **UNEF II** and to create a Canadian and Polish logistics element. Added to this force were to be ninety **UNTSO** observers.

**UNDOF** carried out its mandate by ensuring there were no Israeli or Syrian forces in the area of disengagement. Humanitarian activities were carried out to normalize civilian activities and the International Red Cross assisted in the matters of prisoner and war dead exchange. Such activities, however, have not been without incident. In June 1974 four Austrians were killed in a mine incident while another was killed by a mine in April 1977. On 9 August 1974 nine Canadians were killed when their aircraft was shot down by a Syrian surface to air missile, the largest loss of life at one time in all the years Canada has been peacekeeping. There have been 26 fatalities from all peacekeeping nations.

The situation in **UNDOF** is now quiet but the task goes on, with no end in sight.

UNDOF Syria. Maj Pat Murphy speaking to Syrians 3 May 1984.

## CHAPTER 17

# UNITED NATIONS INTERIM FORCE IN LEBANON UNIFIL 1978

**Authorization:** 19 March 1978

Still in operation (Canada, March - October 1978 only).

**Function:**     To confirm the withdrawal of Israeli forces from Southern Lebanon.  To restore peace and security, and assist the Government of Lebanon in maintain authority in the area.

**Cost to the UN to 31 July 1990:** $1,762.9 million

**Commanders**:

| | |
|---|---|
| LGen E. Erskine (Ghana) | Mar 1978 - Feb 1981 |
| LGen W. Callaghan (Ireland) | Feb 1981 - May 1986 |
| MGen G. Hagglund (Finland) | June 1986 - June 1988 |
| LGen L.E. Wallgren (Sweden) | July 1988 |

**Contributing Nations:**  Canada, Fiji, Finland, France, Ghana, Iran, Ireland, Italy, Nepal, Netherland, Nigeria, Norway, Senegal and Sweden.

The Lebanese Civil War broke out in April 1975 and once again there was strife in the region. Syrian troops of the Arab Deterrent Force advanced into South Lebanon, while in March 1978 the Palestine Liberation Organization launched a series of raids against Israel, leading to Israeli retaliation and invasion. The Lebanese Government protested to the UN Security Council in mid-March and on 19 March, **UNIFIL** was formed.  As was the practice, **UNTSO** observers moved into the area and UN troops from existing peacekeeping forces joined them to effect a cease-fire.  Canada provided a signal unit and movement control detachment from **UNEF II**. They returned to that formation in October 1978.

**UNIFIL**'s task was hampered by the opposing sides' refusal to agree to the UN operation. The first Israeli proposal was not accepted by the UN, changes were made and by June 1978 the withdrawal from Southern Lebanon was complete, though other factions remained in areas which they should have cleared.  Infiltration by armed groups also caused problems as did Israeli Defence Forces (IDF) military manoeuvers in the area of the Armistice Demarcation Line. Incursions into Lebanese waters and air space continued. In summary **UNIFIL** provided an imperfect buffer zone between the opposing forces, and in 1982, open hostilities broke out; the Israelis invading Southern Lebanon in June with elements remaining in the **UNIFIL** area for almost a year. Since then Israeli and Lebanese factions have prevented **UNIFIL** from carrying out its mandate. There have been 177 casualties to peacekeeping troops from inception to 31 March 1991.

MCpl Denoble and Pte Demers at the Fiji Battalion HQ Lebanon -1978.

## CHAPTER 18

# MULTINATIONAL FORCE AND OBSERVERS MFO 1986 -

**Authorization:** 26 March 1979

Not under the auspices of the United Nations.

Still in operation. Became operational on 25 April 1982.

**Function.**   To supervise the withdrawal of Israeli forces from the Sinai and to monitor Egypt and Israel compliance with the 1979 Peace Treaty.

Costs shared equally between USA, Egypt and Israel ($90 million per year).

**Commanders:**

| | |
|---|---|
| LGen Bull-Hansen (Norway) | Oct 1981 - Mar 1984 |
| LGen Egil Inggebrigtsen (Norway) | Mar 1984 - Apr 1989 |
| LGen Donald McIver (New Zealand) | Apr 1989 - Apr 1991 |
| LGen Joop VanGinkel (Holland) | April 1991 |

**Contributing Nations:** Australia, Canada, Columbia, Fiji, France, Italy, Netherlands, New Zealand, United States of America, United Kingdom, Uruguay.

Canada's air commitment to **MFO** began in March 1986 when a squadron of utility helicopters replaced the one from Australia. The role of the unit was to provide rotary wing operations to verify, observe and provide command and control.

Once 408 Squadron became operational it supported a wide range of activities: civilian observers, command and control, infantry battalions administration, search and rescue, casualty evacuation and, most important, unit training. The civilian observers are retired US military and US State Department officials who verify troop locations. Not surprisingly 30% of all flying was in direct support of the **MFO** infantry battalions.

In summary, **MFO** is a peacekeeping mission outside the scope of the UN but which is important to the good relations between Israel and Egypt. The **MFO** came to the public eye when an air crash at Gander, Newfoundland, in December 1985, killed several hundred members of the 82nd Airborne

Division returning home from duties with the **MFO**. The Camp David Accord signed by President Carter, President Sadat and Prime Minister Begin and the resulting **MFO** mission has brought peace to a most troubled area.

In March 1990 the helicopters were withdrawn at the request of the **MFO**. Up to 27 Canadians continue to serve in staff and support position at **MFO** Headquarters in El Gorah.

A CH-135 Twin Huey helicopter lands at El Gorah in the Sinai. It is from the Rotary Wing Aviation Unit of the Multinational Force and Observers.

## **CHAPTER 19**

# UNITED NATIONS GOOD OFFICES MISSION IN AFGHANISTAN AND PAKISTAN UNGOMAP 1988 - 1990

**Authorization:** 25 April 1988

Ceased operations 15 March 1990.

**Function:**     To assist the Secretary General's representative in ensuring the implementation of the Agreements relating to Afghanistan. To investigate and report on violations regarding the Agreement.

**Cost to the UN:** $14,029,010

**Representative of the UN Secretary General:**

| | |
|---|---|
| Diego Cordovez (Ecuador) | April 1988 to Jan 1990 |
| Benon Sevan (Cyprus) | Jan 1990 to Mar 1990 |

**Deputy Representatives:**

| | |
|---|---|
| MGen R. Helminen (Finland) | Apr 1988 to May1989 |
| Col H. Happonen (Finland) | May 1989 to Mar 1990 |

**Contributing Nations**: Austria, Canada, Denmark, Fiji, Finland, Ghana, Ireland, Nepal, Poland and Sweden.

In late 1979 Soviet forces invaded Afghanistan. In January 1980, the UN General Assembly brought forward a resolution requesting the withdrawal of the more than 100,000 Soviet troops.

The Under Secretary General, Pérez de Cuéllar was sent to Pakistan and Afghanistan to try and resolve the conflict, but over the next six years negotiations failed to bring about a cease-fire. In early 1988, however, Moscow announced unilaterally, that it would begin withdrawing troops in May 1988. The Accords related to Afghanistan were signed on 14 April 1988 and **UNGOMAP** was created. The mandate for this mission was to monitor withdrawal of Soviet troops and the voluntary return of refugees.

UNMOs monitored the mandate without incident and the Soviets were gone by 15 February 1989. Violations from the Pakistan side of the joint border actual war-like acts were investigated. In March 1989, the introduction of local joint meetings improved **UNGOMAP**'s ability to perform its duties.

The United Nations Good Offices Mission in Afghanistan and Pakistan ended on 15 March 1990.

Maj Geordie Elms (2nd from right) along with Pólish and Ghanian military observers discuss arrangements for monitoring the final withdrawal of Soviet troops across Friendship Bridge Hayratan - 15 February 1989.

## CHAPTER 20

# UNITED NATIONS IRAN-IRAQ MILITARY OBSERVER GROUP UNIIMOG 1988 - 1991

**Authorization:** 9 August 1988

Ceased operations 20 February 1991.

**Function:**     To verify, confirm and supervise the cease-fire and the withdrawal of all forces to the internationally recognized boundaries.

Cost to the UN from inception to 30 September 1990 - $172.9 million.

**Chief Military Observer:**
     MGen S. Jovic (Yugoslavia)          Sep 1988 to Nov 1990.
**Acting Chief:**
     BGen S. Anam Khan (Bangladesh)   Nov 1990 - Feb 1991.

**Contributing Nations:** Argentina, Australia, Austria, Bangladesh, Canada, Denmark, Finland, Ghana, Hungary, India, Indonesia, Ireland, Italy, Kenya, Malaysia, New Zealand, Nigeria, Norway, Peru, Poland, Senegal, Sweden, Turkey, Uruguay, Yugoslavia, and Zambia.

Iran and Iraq were at war for almost eight years before they agreed to a cease-fire in August 1988. It took until 8 August for the agreement to be signed with the cease-fire to begin on 20 August. **UNIIMOG** had the following mandate: establish and monitor the cease-fire line between the protagonists; investigate violations; negotiate a simultaneous withdrawal; supervise withdrawal to international boundaries; and gain agreement from both sides to avoid increased tensions.

**UNIIMOG** continued to perform its tasks until 17 January 1991, at which time the Iraqi-based observers and staff were removed in the wake of the Gulf War. On 28 February 1991 the Security Council allowed **UNIIMOG**'s mandate to expire.

Air support to UNIIMOG in Iraq provided by Ken Borek Ltd Calgary Alberta using Canadian bush pilots - 1988.

## CHAPTER 21

# UNITED NATIONS TRANSITION ASSISTANCE GROUP IN NAMIBIA UNTAG 1989 - 1990

**Authorization:** 16 February 1989

Ceased operations 21 March 1990.

**Function:** To assist the Special Representative of the Secretary-General to ensure early independence of Namibia through elections under the supervision and control of the United Nations.

**Cost to the UN:** $383.5 million

**Commander:**

LGen D. Prem Chand (India)        1 Apr 1989 - 21 Mar 1990

**Contributing Nations:** Australia, Austria, Bangladesh, Barbados, Belgium, Canada, China, Congo, Costa Rica, Czechoslovakia, Denmark, Egypt, Fiji, Finland, France, German Democratic Republic, German Federal Republic, Ghana. Greece, Guyana, Hungary, India, Indonesia, Ireland, Italy, Jamaica, Japan, Kenya, Malaysia, Netherlands, New Zealand, Nigeria, Norway, Pakistan, Panama, Peru, Poland, Portugal, Singapore, Spain, Sudan, Sweden, Switzerland, Thailand, Togo, Trinidad and Tobago, Tunisia, USSR, United Kingdom and Yugoslavia.

**UNTAG** had the distinction of seeing involvement of over fifty member nations of the UN, Canada provided over 250 members of the Canadian forces and, for the first time ever, members of the Royal Canadian Mounted Police.

Twenty-seven nations provided electoral supervision and in November 1989 the people of Namibia went to the polls to choose their first Constituent Assembly. This was the conclusion of a year long process during which the UN monitored and assisted to bring about peaceful elections.

There were ten regional and 32 district centres in Namibia, each requiring supervision and control during the transitional process. From these were formed 23 electoral areas with voter registration taking place from 3 July to 23 September 1989. The elections took place from 7 to 11 November 1989 and almost two thousand supervisors observing the 358 polling stations. There were over one thousand **UNTAG** police monitors. More than 97% registered voters marked their ballot, counting began and on 14 November the results were announced. Independence was proclaimed on 21 March 1990, the UN Secretary-General administered the presidential oath of office, and Namibia became a member of the UN, **UNTAG** ceased operations.

The Royal Canadian Mounted Police patrolling the Angolan border, February 1990. The Corps Sergeant Major, Eric Young visiting from Canada.

RCMP Photo

## CHAPTER 22

# UNITED NATIONS ANGOLA VERIFICATION MISSION UNAVEM II 1989 -

**Authorization:** 20 December 1988 (UNAVEM I)

Still in operation. Canada became a member in June 1991.

**Function:**    To verify the redeployment northwards and phased and total withdrawal of Cuban troops from the territory of Angola in accordance with the timetable agreed to between Angola and Cuba.

UN expenditures from inception to 2 August 1991 - $19.1 million.

**Chief Military Observer:** -

BGen P. Gomes (Brazil)          23 Dec 1988 to 1 Oct 1991

MGen E. Unimma (Nigeria)      2 Oct 1991 to date

**Contributing Nations:**  Algeria, Argentina, Brazil, Canada (since June 1991), Congo, Czechoslovakia, India, Jordan, Norway, Spain and Yugoslavia.

**UNAVEM**'s creation followed agreements both giving independence to Namibia and requiring the withdrawal of Cuban troops from Angola. UNTAG operated in Namibia while **UNAVEM** is slowly creating a more normal situation in Angola.  Canada agreed to join the 1991 mission in Angola in response to a request from the UN Secretary-General.

In June 1991 fifteen Canadian officers left for Angola as United Nations Military Observers. A second phase of operations followed a peace accord, which was signed in Lisbon in May 1991.  In conclusion, both South African and Cuban forces started to withdraw and the sixteen year old civil war came to an end.  **UNAVEM II** will see the mission expanded from 60 UNMOs to a force in excess of 600.

With participation in **UNAVEM**, Canada can now proudly claim involvement in all United Nations Missions.

Maj Paul Hale and Maj Luis Araujo talking with an officer of the Angolan Army. VAdm Robert George Deputy Chief Defence Staff looks on. Luanda - February 1992

## CHAPTER 23

# UNITED NATIONS OBSERVER GROUP IN CENTRAL AMERICA ONUCA 1989 - 1992

**Authorization:** 7 November 1989

Ceased operation 31 Jan 92.

**Function:** To verify that the governments of Costa Rica, El Salvador, Guatemala, Honduras and Nicaragua had ceased providing aid to irregular forces and insurrectionist movements operating in the region, and that the territory of one state was not used to attack another. ONUCA was to play a part in the demobilization of the Nicaraguan Resistance and to monitor the cease-fire and repatriation of forces .

Cost to the UN to 7 November 1990 - $56.9 million.

**Commanders:**

| | |
|---|---|
| MGen A. Gomez (Spain) | 21 Nov 1989 to 20 Dec 1990 |
| BGen L.W. MacKenzie (Canada) | 21 Dec 1990 to 17 May 1991 |
| BGen V.S. Pardo (Spain) | 18 May 1991 to 31 Jan 1992 |

**Contributing Nations:** Argentina, Brazil, Canada, Columbia, Ecuador, India, Ireland, Spain, Sweden, Venezuela. Medical and aircrew are provided by Germany.

**ONUCA** was established by the UN Security Council on 7 November 1989 at the request of the five Central American governments. Costa Rica, El Salvador, Guatemala, Honduras and Nicaragua had pledged to cease aid to irregulars and insurrectionist units and not to allow their territory to be used to attack another state. Four months later after the initial success of **ONUCA** the UN was authorized to assist in the voluntary demobilization of the Nicaraguan resistance forces. A month later the mandate was enlarged to monitor the cease-fire and separate forces in Nicaragua. Between 16 April and 29 June 1990, 22,000 Nicaraguan resistance members were demobilized and their weapons destroyed. This peacekeeping mission continued until 31 January 1992.

Canadian Observer Capt Bob Taylor and UNMOs from Spain and Columbia brief Contra rebels during an operation in Nicaragua - Apr 90.

## CHAPTER 24

# OPERATIONS IN SUPPORT OF UN RESOLUTION 665 PERSIAN GULF AND KUWAIT 1990 - 1991

(Not under the auspices of the United Nations.)

## United Nations Resolutions

On August 2, 1990, Iraq's military forces under President Saddam Hussein invaded Kuwait in a sweeping attack, which forced the legitimate government of Kuwait into exile, and the nation's population to be subjected to illegal government and widespread violence and abuse. The United Nations condemned Iraq's action in a succession of twelve Security Council resolutions, which in the course of seventeen weeks, escalated the stance of the UN from demanding Iraq's withdrawal (Resolution 660, 2 August 1990), up to usage of military force (Resolution 678, 29 November, 1990).

## The Canadian Task Group

Wishing to support the United Nations, The Canadian government announced on August 11, 1990, that it would send a naval element to the Arabian Gulf region to partake in the Multinational Force (MNF) action and enforce the United Nations Security Council resolutions against Iraq. On August 24, 1990, the Canadian Task Group (CTG), consisting of HMCS ATHABASKAN, HMCS TERRA NOVA and HMCS PROTECTEUR with air and air defence elements embarked, departed Halifax, arriving in Manamah, Bahrain, on September 30, 1990. The CTG joined the Multinational Interception Force (MIF), assuming duties in the control of shipping in the Central Arabian Gulf, in accordance with UN Resolutions 661 and 665.

Prior to the change of mission in order to meet the UN deadline of 15 January 1991, for the withdrawal of Iraq from Kuwait (Resolution 678), the three ships completed a significant portion of the MIF hailings and boardings undertaken in the Gulf proper.

## The Canadian Air Task Group - Middle East

On September 14, 1990, Canada also announced that a squadron of CF 18's would be ordered to the Arabian Gulf to act as part of the coalition air forces protecting the naval MIF. Eighteen CF 18's of 419 Squadron from CFE Baden, Germany, arrived in Doha, Qatar, on October 8 - 11, 1990. Operations commenced with the Combat Air Patrols (CAP) over the Arabian Gulf on October 13, 1990. In December 1990, 419 Sqn personnel were replaced by members of 416 Sqn from CFB Cold Lake and 439 Sqn from CFE Baden.

## CANFORME

On November 6, 1990, all Canadian Forces in the Middle East were united under the Commander, Canadian Forces - Middle East, **CANFORME**, in the newly created headquarters based in Manamah, Bahrain. Commodore Ken J. Summers, Commander of the CTG to that point, assumed command of **CANFORME**, and acted as the commander of all Canadian forces and personnel within the Arabian Gulf theatre of operations.

A large proportion of the two thousand Canadian service personnel involved in the MIF operations were repatriated after the Gulf war, in March and April 1991. The Naval Task Group returned to Halifax on 7 April, the crews of HMCS ATHABASKAN and TERRA NOVA having been on sea duty since their departure more than seven months earlier.

HMCS Athabaskan, HMCS Protecteur, HMCS Terra Nova - "OP" Friction Canadian Task Force Persian Gulf - 1991

## CHAPTER 25

# UNITED NATIONS OBSERVER GROUP FOR THE VERIFICATION OF THE ELECTIONS IN HAITI ONUVEH 1990 - 1991

**Authorization:** 10 October 1990

Ceased operation February 1991.

**Function:**     Observe the electoral process.  Assist in electoral security plans and observe its implementation.

Financed by the United Nations expenditure - $3.5M.

**Chief Security Observer:**
     BGen G. Zuliani (Canada).

The Provisional Government of Haiti requested UN assistance in March 1990 to provide assistance and supervision of elections.  The Organization of American States (OAS) was also asked to provide electoral observers. The UN and other governments provided 39 international staff members and 154 observers as well as 64 security experts.

The initial task of **ONUVEH** was to help create a calm climate so that a democratic election could be held.  This required close contact with local authorities including the military and electoral groups. An active radio and television campaign was conducted by **ONUVEH**.

Responsibility for electoral security remained with the Haitian Armed Forces but, in accordance with the request from the Haitian Government, close ties were established with the **ONUVEH** security advisers.

The campaign was conducted in an impartial atmosphere and there was no damage to State property, no restriction placed upon the media and no personal intimidation.

The first round of elections was held on 16 December 1990, when the electorate voted for their president, legislative representatives, and local officers.  82 **ONUVEH** electoral observer teams were used and when the polls closed at 1800 hours, they had visited close to two thousand polling stations.  Accredited observers from Haitian political parties were present at the polling stations. The **ONUVEH** and OAS observers conducted a "quick count" at 150 sample stations, and by 2200 hours that night, predicted the outcome, and this information was passed on to the Haitian Interim Electoral Council.  On 24 December 1990 they announced the winner - Jean Bertrand Aristide.  When the final results were released two weeks later it showed he had won 67% of the vote.

This was an unusual mission but Haitian and UN cooperation produced the first successful democratic elections in Haiti.

In September 1991 a military coup ousted Jean Aristide.  The situation has not been fully resolved as of mid-October 1991.

BGen G Zulliani speaks to a French UNMO and local police at Poraupaix Haiti January - 1991.

## CHAPTER 26

# UNITED NATIONS IRAQ-KUWAIT OBSERVATION MISSION UNIKOM 1991 -

**Authorization:**  3 April 1991

Still in operation.

**Function:**    To monitor the Knor Abdullah waterway between Iraq and Kuwait and a demilitarized zone ten km into Iraq and five km into Kuwait. To deter violations of the boundary and carry out surveillance. Observe any hostile action.

Cost to the UN is expected to be $61 million for the first six months.

**Commander:**

MGen G. Greindl (Austria)          Apr 1991 to date

**Contributing Nations:**  Argentina, Austria, Bangladesh, Canada, Chile, China, Denmark, Fiji, Finland, France, Ghana, Greece, Hungary, India, Indonesia. Ireland, Italy, Kenya, Malaysia, Nepal, Nigeria, Norway, Pakistan, Poland, Romania, Senegal, Singapore, Sweden, Switzerland, Thailand, Turkey, USSR, United Kingdom, USA, Uruguay, and Venezuela. (Note that all permanent members of the UN Security Council are represented).

With the end of the Gulf War the UN Security Council set out the terms for a cease-fire, and on 9 April 1991, **UNIKOM** was created with an initial six month mandate.

When **UNIKOM** was first established some 700 UN troops were deployed in the demilitarized zone, but were withdrawn as soon as the situation stabilized. Canada provided a field engineer unit to clear mines and unexploded devices from the UN zone of operations. This role will change in time as the situation returns to normal.

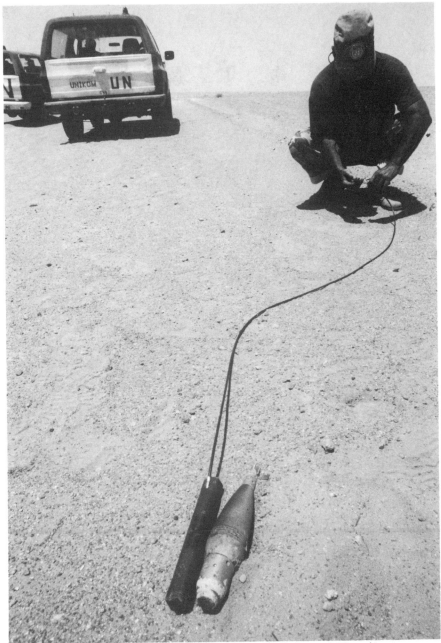

WO Steve Mears getting ready to destroy an unexploded round. Kuwait.
R. Koopmans. Chilliwack Progress.

# CHAPTER 27

# UNITED NATIONS MISSION FOR THE REFERENDUM IN WESTERN SAHARA MINURSO 1991 -

**Authorization:**  29 April 1991

Still in operation.

**Function**:  With the full support of the Security Council and the full cooperation of the two parties to effect a cessation of all hostile acts. The full cooperation of the neighbouring countries must be assured and necessary financial resources must be made available by the Member States.

**Duration**:  29 April 1991 to date.

**UN Expenditure**. The MINURSO budget was approved by the General Assembly on 17 May 1991 in the amount of $180,617,000.

**Commander:**

MGen A. Roy (Canada)  Jun 1991

**Contributing Nations:**  Argentina, Australia, Austria, Bangladesh, Bulgaria, Canada, China, Congo, Czechoslovakia, Egypt, Finland, France, Ghana, Greece, Guinea, Honduras, India, Indonesia, Ireland, Italy, Kenya, Malaysia, Nepal, Nigeria, Pakistan, Peru, Poland, Singapore, Switzerland, Togo, Tunisia, Turkey, Union of Soviet Socialist Republics, United Kingdom of Great Britain and Northern Ireland, United States of America and Venezuela.

In August 1988 work commenced to stop the conflict in Western Sahara, namely (Morocco and the Frente Popular para la Liberacion de Saguia el-Hamra y de Rio de Oro). The aim of those early meetings was to create a cease-fire and to hold a referendum, without interference, to decide if the people of Western Sahara wanted independence or integration with Morocco.

A cease-fire would be monitored by UN military personnel, followed by an exchange of prisoners of war under the supervision of the International Red Cross. Morocco has agreed to a phased reduction of its troops.

Combatants from both sides are to be confined to certain locations where they will be monitored by UN peacekeepers. In due time the UN will conduct a referendum. The UN will monitor the administration of the Territory, maintain law and order and ensure the referendum is fair and free.

Canada's MGen Armand Roy arrived in the area on 1 August 1991 and the troop buildup began. The mission length was supposed to take eight to ten months to complete.

MGen A Roy speaking to two Polisario Front members - Feb 1992.

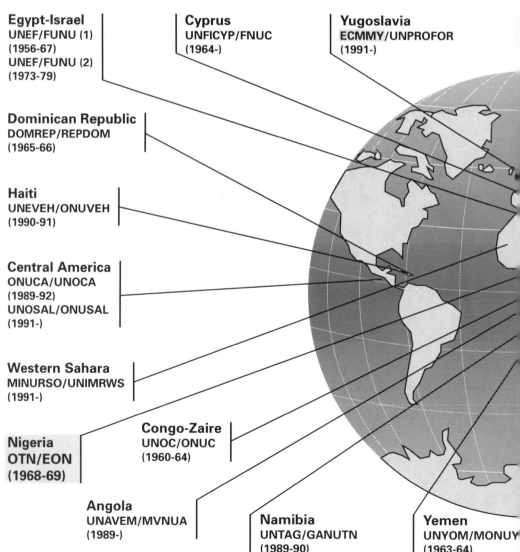

Canadian UN Peacekeeping Forces,
Les Forces canadiennes du maintie
les missions d'observateurs ains.
dans le cadre
194

**Egypt-Israel**
UNEF/FUNU (1)
(1956-67)
UNEF/FUNU (2)
(1973-79)

**Cyprus**
UNFICYP/FNUC
(1964-)

**Yugoslavia**
ECMMY/UNPROFOR
(1991-)

**Dominican Republic**
DOMREP/REPDOM
(1965-66)

**Haiti**
UNEVEH/ONUVEH
(1990-91)

**Central America**
ONUCA/UNOCA
(1989-92)
UNOSAL/ONUSAL
(1991-)

**Western Sahara**
MINURSO/UNIMRWS
(1991-)

**Nigeria**
OTN/EON
(1968-69)

**Congo-Zaire**
UNOC/ONUC
(1960-64)

**Angola**
UNAVEM/MVNUA
(1989-)

**Namibia**
UNTAG/GANUTN
(1989-90)

**Yemen**
UNYOM/MONUY
(1963-64)

...erver Missions and non UN missions
...e la paix auprès des Nations Unies,
...e les missions de paix autres que
...Nations Unies
...992

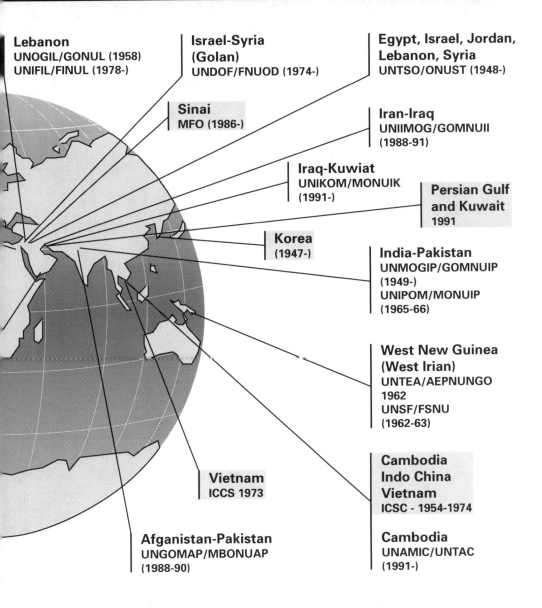

**Lebanon**
UNOGIL/GONUL (1958)
UNIFIL/FINUL (1978-)

**Israel-Syria
(Golan)**
UNDOF/FNUOD (1974-)

**Egypt, Israel, Jordan,
Lebanon, Syria**
UNTSO/ONUST (1948-)

**Sinai**
MFO (1986-)

**Iran-Iraq**
UNIIMOG/GOMNUII
(1988-91)

**Iraq-Kuwiat**
UNIKOM/MONUIK
(1991-)

**Persian Gulf
and Kuwait**
1991

**Korea**
(1947-)

**India-Pakistan**
UNMOGIP/GOMNUIP
(1949-)
UNIPOM/MONUIP
(1965-66)

**West New Guinea
(West Irian)**
UNTEA/AEPNUNGO
1962
UNSF/FSNU
(1962-63)

**Vietnam**
ICCS 1973

**Cambodia
Indo China
Vietnam**
ICSC - 1954-1974

**Afganistan-Pakistan**
UNGOMAP/MBONUAP
(1988-90)

**Cambodia**
UNAMIC/UNTAC
(1991-)

# LE GARDIEN DE LA PAIX CANADIEN

Colonel John Gardam   OMM CD

Publié par

GENERAL STORE
PUBLISHING HOUSE INC.

1 Main Street Burnstown, Ontario, Canada K0J 1G0
Téléphone (613)432-7697  Télécopieur (613)432-7184

ISBN 0-919431-55-0
Imprivé au Canada

Leanne Enright, dessinatrice
Hugh Malcolm, couverture

**Données de catalogage avant publication (Canada)**

Gardam, John, 1931-
    Le gardien de la paix canadien
Texte en français et en anglais.
Titre de la p. de t. addit., tête-bêche: The Canadian peacekeeper.
ISBN 0-919431-55-0

    1. Canada--Forces armées à l'étranger--Histoire.  2. Nations Unies--Forces armées--Histoire.  3. Nations Unies--Canada.  I. Titre. II. Titre: The Canadian peacekeeper.
JX1981.P7G37  1992  355.3'57'0971  C92-090205-7F

Première impression septembre 1992

# TABLE DES MATIÈRES

# AVANT-PROPOS

Cet ouvrage souligne 45 ans de participation canadienne à des missions et à des opérations de maintien de la paix. Des 30 missions et plus auxquelles les Canadiens ont pris part, seulement sept n'étaient pas menées sous le drapeau bleu et blanc de l'Organisation des Nations Unies. Depuis 1947, les hommes et les femmes des Forces canadiennes ont été de toutes les missions de maintien de la paix de l'ONU. Aucune autre nation ne surpasse cette contribution.

Il y a actuellement plus de 2 000 soldats, marins et aviateurs canadiens, hommes et femmes, affectés au maintien de la paix en divers points du globe, dans 24 pays. Depuis que le colonel Gardam a achevé la rédaction de son livre, plusieurs nouvelles missions, dont il sera sans doute fait mention dans un prochain ouvrage, ont atteint le stade de la planification.

*Les Gardiens De La Paix Du Canada* fait état de la contribution canadienne au maintien de la paix dans le monde.

En filigrane de ses 27 chapitres, on peut lire l'histoire des nombreux soldats qui, loin de leur patrie et de leur famille, dans des conditions souvent dangereuses et toujours exigeantes, se sont acquittés de leurs fonctions au nom de la paix mondiale, avec un sens du devoir qui commande le respect.

Voici donc l'histoire de ces hommes et de ces femmes qui ont appliqué chaque jour les principes de la Charte des Nations Unies, soit à titre d'observateur, soit comme membre d'une unité ou d'un quartier général de l'ONU. Nombre d'entre eux ont même participé à plus d'une mission de maintien de la paix.

Ce livre rend hommage aux soldats de la paix d'hier, d'aujourd'hui et de demain.

Le Chef d'état-major de la Défense
Le général A.J.G.D. de Chastelain

# PRÉFACE DE L'AUTEUR

Lorsqu'on m'a nommé directeur du projet du Monument canadien dédié au maintien de la paix, en 1989, j'ai offert d'écrire un livre qui s'intitulerait Les gardiens de la paix du Canada. Le conseil d'administration du Quartier général de la Défense nationale a accepté l'idée, et le projet s'est concrétisé.

Le Service historique du ministère de la Défense nationale travaille actuellement à la rédaction d'une histoire de la contribution canadienne au maintien de la paix qui fera autorité, mais cette oeuvre ne sera pas terminée au moment de l'inauguration du Monument au maintien de la paix, en octobre 1992. Pour ma part, je n'ai pas fait de véritables recherches historiques, mais j'ai largement puisé à deux sources : *The Blue Helmets -- A review of United Nations Peace-keeping* (1990) et *In the Eye of the Storm*, de Fred Gaffen (Deneau & Wayne, 1987).

Cet ouvrage poursuit plusieurs objectifs : expliquer aux militaires canadiens qui ont été, qui sont ou qui seront affectés à des opérations de maintien de la paix la nature de nos efforts dans ce domaine depuis la fin de la Seconde Guerre mondiale; sensibiliser le lecteur à la fierté que la population canadienne et les Forces armées peuvent tirer de la contribution du Canada au maintien de la paix, contribution qu'aucun autre pays membre de l'ONU n'a égalée; offrir, enfin, un premier aperçu de la question à ceux qui s'y intéressent.

Les chapitres qui suivent, tous construits selon le même schéma, contiennent les renseignements suivants : la raison d'être de la mission et les objectifs visés; les dépenses engagées par l'ONU et par les pays participants; les principaux commandants et leur pays d'origine; les pays qui participent ou qui ont participé à la mission; enfin, une brève description du déroulement de la mission, de ses succès et de ses échecs. Le chiffre des pertes est le total que l'ONU a consigné dans ses dossiers. Il n'existe pas de statistiques sur le nombre de Canadiens tués dans les opérations de maintien de la paix. Six des missions dont il est question dans ce livre n'ont pas été menées sous les auspices des Nations Unies, mais ont contribué à la préservation de la paix quelque part dans le monde.

Les opérations de maintien de la paix ne représentent qu'une part infime du budget de la Défense, mais elles contribuent dans une large mesure à la réputation du Canada à l'étranger. Notez que les mesures de dissuasion prises par l'OTAN depuis 1949 et par le NORAD depuis 1947, qui ont largement contribué à éviter la guerre, ne sont pas évoquées dans ce livre, mais le seront sûrement ailleurs.

Les services de l'ONU à New York m'ont apporté leur concours et m'ont autorisé à utiliser des cartes tirées de *The Blue Helmets*. Mikhail Seliankin m'a apporté une aide inestimable. Le personnel de la Direction des opérations de maintien de la paix du Quartier général de la Défense nationale m'a aidé à

réviser maintes fois mon manuscrit. Je tiens à remercier le lgén Bill Milroy, qui m'a secondé dans la rédaction du chapitre 13 sur le Nigeria, le major J. Morin, qui a rédigé le chapitre 24 sur le golfe Persique, et Ray Gagnon, de l'Unité de photographie des Forces canadiennes, qui m'a aidé dans le choix des photos. (J'ai utilisé quelques photos provenant de collections privées, sans mentionner la source.) Je remercie également Hélène Burns, qui a dactylographié le manuscrit à maintes reprises, Philippe Tanguay, qui a traduit le texte, le service de traduction du secrétariat d'État au QGDN, qui a révisé la traduction, et tout le personnel de la Maison d'édition le magasin général, pour son professionnalisme. Plusieurs membres du Service historique ont participé à la révision finale. Il ne me reste plus qu'à souhaiter que cet ouvrage atteigne son but : informer le lecteur, et servir de base à d'autres études et travaux de recherche.

# ASSOCIÉS AU MAINTIEN DE LA PAIX

Sont énumérés ci-dessous par ordre alphabétique les 79 pays qui ont participé à des opérations de maintien de la paix avec des membres des Forces armées canadiennes depuis 1949. Le Canada a participé à toutes les missions de l'ONU et à sept missions qui n'ont pas été menées sous les auspices de l'ONU.

| | |
|---|---|
| **A** | Afghanistan |
| | Algérie |
| | Argentine |
| | Australie |
| | Autriche |
| **B** | Bangladesh |
| | Barbade |
| | Belgique |
| | Birmanie (aujourd'hui Myanmar) |
| | Brésil |
| | Bulgarie |
| **C** | Ceylan (aujourd'hui Sri Lanka) |
| | Chili |
| | Chine |
| | Colombie |
| | Congo (aujourd'hui Zaïre) |
| | Costa Rica |
| **D** | Danemark |
| **E** | Équateur |
| | Espagne |
| | États-Unis |
| | Éthiopie |
| **F** | Fidji |
| | Finlande |
| | France |
| **G** | Ghana |
| | Grèce |
| | Guinée |
| | Guyana |
| **H** | Honduras |
| | Hongrie |
| **I** | Inde |
| | Indonésie |
| | Iran |
| | Italie |

| | |
|---|---|
| **J** | Jamaïque |
| | Japon |
| | Jordanie |
| **K** | Kenya |
| **L** | Liberia |
| | Luxembourg |
| **M** | Malaisie |
| | Malaysia |
| | Mali |
| | Maroc |
| **N** | Népal |
| | Nouvelle-Zélande |
| | Nigeria |
| | Norvège |
| **P** | Pakistan |
| | Panama |
| | Pays-Bas |
| | Pérou |
| | Philippines |
| | Pologne |
| | Portugal |
| **R** | République arabe unie (Égypte) |
| | République démocratique allemande |
| | République fédérale d'Allemagne |
| | Roumanie |
| | Royaume-Uni |
| **S** | Sénégal |
| | Sierra Leone |
| | Singapour |
| | Soudan |
| | Suède |
| | Suisse |
| **T** | Tchécoslovaquie |
| | Thaïlande |
| | Togo |
| | Trinité et Tobago |
| | Tunisie |
| | Turquie |

U    Union des républiques
socialistes soviétiques
Uruguay

V    Venezuela

Y    Yougoslavie

Z    Zambie

# CHAPITRE 1

# CORÉE - 1947

**Autorisation** : 14 novembre 1947 - Commission temporaire des Nations Unies concernant la Corée (UNTCOK)

**Rôle** :　　　Surveiller des élections libres par scrutin secret ainsi que le retrait des forces d'occupation (URSS dans le Nord et É.-U. dans le Sud).

Le 25 juin 1950, le Conseil de sécurité de l'ONU ordonnait une cessation des hostilités et enjoignait aux forces nord-coréennes de se retirer au nord du 38$^e$ parallèle.

Le 27 juillet 1953, la convention d'armistice en Corée signée à Panmunjom mettait fin à trois années de combats. La Commission de l'armistice militaire du Commandement des Nations Unies (UNCMAC) était créée et elle est toujours en activité en 1992.

Quand les Canadiens pensent à la Corée, ils oublient souvent que l'engagement des Nations Unies en Corée a commencé en 1947. Le Canada était représenté au sein de la Commission temporaire qui devait faciliter la tenue d'élections libres en Corée du Nord et en Corée du Sud. L'opération a réussi dans le Sud, mais le Nord a constitué la République démocratique populaire de Corée, sous la direction de Kim Il-Sung.

En 1950, la Commission des Nations Unies craint le déclenchement d'une guerre civile. Le matin du 25 juin 1950, les Nord-Coréens envahissent le Sud. En très peu de temps, la Corée du Sud est entièrement occupée, sauf une petite région du sud-est de la péninsule, le "périmètre de Pusan".

Des troupes américaines et les restes de l'armée sud-coréenne tiennent bon; lentement, des contingents des Nations Unies venus de quelque seize pays commencent à arriver. Le troisième en importance, le contingent canadien, est mené par un bataillon du Princess Patricia's Canadian Light Infantry, le 2 PPCLI. La Marine royale du Canada est arrivée la première avec les NCSM Cayuga, Athabaskan et Sioux. L'Aviation royale du Canada affecte aux opérations son 426$^e$ Escadron (North Stars), qui assurera des liaisons entre la base McChord (Washington) de l'Aviation américaine et Tokyo. En décembre 1950, lorsque la contre-offensive des Nations Unies en Corée du Nord atteint la frontière chinoise, l'Armée de la libération populaire de Chine intervient. Les troupes de l'ONU sont refoulées jusqu'au 39$^e$ parallèle, au nord de Séoul. Le 2 PPCLI entre en action à la mi-février 1951. En mai 1951, le reste de la 25$^e$ Brigade d'infanterie canadienne débarque à Pusan.

La guerre a continué, et trois formations canadiennes de la taille d'une brigade ont servi sous le commandement de l'ONU, pendant un an chacune.

Les destroyers de la Marine royale du Canada placés sous le commandement des Nations Unies ont participé à différentes missions : blocus du littoral ennemi, opposition aux débarquements amphibies, couverture de porte-avions et bombardement de zones côtières occupées par l'ennemi. L'ARC, pour sa part, ne s'est pas contentée de fournir des avions de transport : 22 pilotes de combat canadiens ont servi dans la 5$^e$ Armée de l'air américaine et ils ont abattu ou endommagé 20 chasseurs ennemis.

À la fin des combats, le 27 juillet 1953, plus de 26 000 Canadiens avaient servi en Corée. La guerre fut coûteuse : plus de 500 Canadiens y ont été tués, sont morts des suites de blessures ou ont été victimes de la maladie. Trois cent soixante-dix-huit Canadiens sont inhumés au cimetière commémoratif des Nations Unies de Tanggok, près de Pusan. Une plaque qui perpétue la mémoire des soldats morts au combat et dont la sépulture est inconnue porte en partie les mots suivants : "...Ils moururent avec des hommes d'autres pays en combattant pour le maintien des idéaux des Nations Unies".

La Commission de l'armistice militaire du Commandement des Nations Unies (UNCMAC) a été créée après la signature de l'armistice. Le Canada y est représenté par un bureau de liaison depuis 1954. En 1980, l'attaché des Forces canadiennes à Séoul est devenu le représentant canadien.

Le Premier ministre Louis Saint-Laurent passe en revue une garde d'honneur de la 25e Brigade d'infanterie commandée par le capt Harry Harkness. Le bgén J.V. Allard l'accompagne. Corée, 1954.

# CHAPITRE 2

# ORGANISME DES NATIONS UNIES CHARGÉ DE LA SURVEILLANCE DE LA TRÊVE - ONUST 1948

**Autorisation** : 29 mai 1948 (le début de la participation du Canada remonte à 1954).

Toujours en activité.

**Rôle** : Aider le médiateur et la Commission de la trêve à surveiller le respect de la trêve en Palestine demandée par le Conseil de sécurité. L'**ONUST** a son quartier général à Jérusalem et il aide actuellement les missions de maintien de la paix de l'ONU à accomplir leur tâche en Syrie et au Liban; des groupes d'observateurs sont stationnés à Beyrouth, dans le Sud du Liban, sur les hauteurs du Golan et dans le Sinaï. L'**ONUST** a un état-major de liaison à Gaza et à Amman, en Jordanie.

**Durée** : du 11 juin 1948 à nos jours.

**Dépenses de l'ONU** au 31 décembre 1989 : 310 521 300 $.

**Chefs d'état-major**

| | |
|---|---|
| Lgén comte Thord Borde (Suède) | juin 1948 - juillet 1948 |
| Mgén A. Lundstrom (Suède) | juillet 1948 - septembre 1948 |
| Lgén W. Riley (États-Unis) | septembre 1948 - juin 1953 |
| Mgén V. Bennike (Danemark) | juin 1953 - août 1954 |
| Lgén E.L.M. Burns (Canada) | août 1954 - novembre 1956 |
| Col B. Leary (États-Unis) | novembre 1956 - mars 1958 |
| Mgén C. von Horn (Suède) | mars 1958 - juillet 1960 |
| Col R. Rickert (États-Unis) | juillet 1960 - décembre 1960 |
| Lgén C. von Horn (Suède) | janvier 1961 - mai 1963 |
| Lgén Odd Bull (Norvège) | juin 1963 - juillet 1970 |
| Mgén E. Siilasvuo (Finlande) | août 1970 - octobre 1973 |
| Col R. Bunworth (Irlande) | novembre 1973 - mars 1974 |
| Mgén B. Liljestrand (Suède) | avril 1974 - août 1975 |
| Col K. Howard (Australie) | août 1975 - décembre 1975 |
| Mgén E. Erskine (Ghana) | janvier 1976 - avril 1978 |
| Col W. Callaghan (Irlande) | avril 1978 - juin 1979 |
| Col D. Forsgren (Suède) | juin 1979 - janvier 1980 |

| | |
|---|---|
| Mgén E. Kaira (Finlande) | février 1980 - février 1981 |
| Lgén E. Erskine (Ghana) | février 1981 - mai 1986 |
| Lgén W. Callaghan (Irlande) | mai 1986 - juin 1987 |
| Lgén M. Vadset (Norvège) | juin 1987 - octobre 1990 |
| Mgén Christensen (Finlande) | depuis octobre 1990 |

**Pays ayant fourni des observateurs** : Argentine, Australie, Autriche, Belgique, Birmanie (aujourd'hui Myanmar), Canada, Chili, Chine, Danemark, États-Unis, Finlande, France, Irlande, Italie, Norvège, Nouvelle-Zélande, Pays-Bas, Suède, Suisse et URSS. (La Belgique, les États-Unis, la France et la Suède font partie de l'**ONUST** depuis 1948. Le Canada a envoyé ses premiers observateurs en 1954, avec le lgén Burns.)

La surveillance de la trêve conclue à la fin du conflit israélo-arabe de 1948 a été confiée, un an plus tard, à l'**ONUST**. Des observateurs militaires de l'ONU commencent alors à surveiller les dispositions de l'armistice signé par Israël et les pays arabes voisins. Le mandat et la structure de l'**ONUST** ont connu maints changements, mais l'organisme poursuit toujours sa mission.

Depuis la création de l'**ONUST**, le Proche-Orient a été le théâtre de quatre conflits majeurs. Les observateurs militaires de l'ONU y ont servi d'agents de stabilisation, négociant des cessez-le-feu et agissant comme intermédiaires pour empêcher que les conflits ne s'aggravent.

Les membres de l'**ONUST** ne sont pas armés; ils n'en continuent pas moins de remplir des missions dangereuses, et 28 observateurs ont jusqu'ici perdu la vie par suite d'actes hostiles ou dans des accidents. La première victime a été le comte Folke Bernadotte de Suède, assassiné le 17 septembre 1948, lorsqu'il agissait comme médiateur de l'ONU.

Les observateurs militaires de l'ONU ont pour mission d'observer les activités dans le Sud du Liban, en Syrie, dans le Sinaï, à Beyrouth et autour d'Israël, de faire rapport à ce sujet et de désamorcer les tensions en comptant surtout sur leur patience, leurs qualités militaires et leur sang-froid. En 1991, l'**ONUST** comptait 19 Canadiens.

Cette opération de maintien de la paix a permis à un très grand nombre d'observateurs militaires d'acquérir la formation voulue pour constituer de nouvelles forces de maintien de la paix en de nombreux points du globe. Une vingtaine de commandants militaires ont acquis auprès de l'**ONUST** une précieuse expérience du commandement de forces de maintien de la paix.

Le lgén Erskine, au centre, avec des observateurs militaires néerlandais, autrichiens et canadiens. PO 58, janvier 1983.

# CHAPITRE 3

# GROUPE D'OBSERVATEURS MILITAIRES DES NATIONS UNIES DANS L'INDE ET LE PAKISTAN UNMOGIP - 1949

**Autorisation** : 21 avril 1948.

Toujours en activité

**Rôle** :  Surveiller le cessez-le-feu entre l'Inde et le Pakistan dans l'État de Jammu-et-Cachemire.

**Effectif actuel** : 36 observateurs militaires.  Le Canada a rappelé ses observateurs en 1979.

**Durée** :  du 24 janvier 1949 à nos jours.

**Dépenses de l'ONU** : de 1949 au 31 décembre 1989 : 67 709 300 $.

**Observateurs militaires en chef**

| | |
|---|---|
| Bgén H. Angle (Canada) | novembre 1949 - juillet 1950 |
| Col S. Coblentz (États-Unis) | juillet 1950 - octobre 1950 |
| Lgén R. Nimmo (Australie) | octobre 1950 - janvier 1966 |
| Col J. Gauthier (Canada) | janvier 1966 - juillet 1966 |
| Lgén L. Tassara-Gonzalez (Chili) | juillet 1966 - juin 1977 |
| Lcol P. Bergevin (Canada) | juin 1977 - avril 1978 |
| Lcol P. Pospisil (Canada) | avril 1978 - juin 1978 |
| Bgén S. Waldenstrom (Suède) | juin 1978 - juin 1982 |
| Bgén T. Johnsen (Norvège) | juin 1982 - mai 1986 |
| Lcol G. Beltracchi (Italie) | mai 1986 - juillet 1986 |
| Bgén A. Hammer (Norvège) | août 1986 - août 1987 |
| Lcol G. Beltracchi (Italie) | août 1987 - septembre 1987 |
| Bgén J. Parker (Irlande) | septembre 1987 - mai 1989 |
| Lcol M. Fiorese (Italie) | mai 1989 - juin 1989 |
| Bgén J. Enright (Irlande) | depuis juin 1989 |

**Pays ayant fourni des observateurs** : Australie, Belgique, Canada, Chili, Danemark, Équateur, États-Unis, Finlande, Italie, Mexique, Norvège, Nouvelle-Zélande, Suède et Uruguay.

En 1947, quand l'Inde et le Pakistan se sont séparés, l'État de Jammu-et-Cachemire a eu le choix de se rattacher à l'Inde ou au Pakistan.  Cela a donné lieu à un différend, et des combats ont éclaté, l'Inde accusant le Pakistan

d'envahir le Cachemire. Le Pakistan a repoussé cette accusation et soutenu que l'adhésion du Cachemire à l'Inde, en 1947, était en fait illégale. En 1948, après qu'on eut tenté de créer une commission de l'ONU chargée d'exercer "une influence médiatrice", il est devenu évident que les observateurs devaient se mêler aux armées antagonistes pour créer une situation propice à la tenue d'un plébiscite sur la question du Cachemire. Un cessez-le-feu est conclu le 1$^{er}$ janvier 1949. Les observateurs prennent place au Pakistan le 3 février et en Inde une semaine plus tard. Des quartiers généraux sont établis à Rawal-pindi, au Pakistan, et à Srinagar, en Inde.

L'**UNMOGIP** a reçu notamment pour mission de créer une ligne de cessez-le-feu, de suivre le conflit et d'éviter que d'autres troupes ne pénètrent au Cachemire. Nommé observateur militaire en chef, le bgén Angle, du Canada, a occupé ce poste jusqu'à ce qu'il périsse dans l'écrasement d'un avion, en juillet 1950. La situation est demeurée stable jusqu'à ce qu'éclate une véri-table guerre indo-pakistanaise le long de la ligne de cessez-le-feu, en 1965. Pour aider au retour à la normale, l'ONU a créé la **MONUIP** en 1966.

L'**UNMOGIP** a continué de remplir sa mission jusqu'à l'été de 1971, quand les hostilités ont à nouveau éclaté entre l'Inde et le Pakistan. L'ONU a dû déployer des efforts considérables pour rétablir l'ordre, en décembre. Le différend n'en était pour autant pas résolu : l'Inde affirmait que le Cachemire faisait partie de son territoire, et le Pakistan soutenait que la question demeu-rait en litige. Il appartenait au Conseil de sécurité de l'ONU d'en définir le statut.

PMR 74-834. Inde-Pakistan, 1970. Avion Caribou près de KARGIL, à 9 500 pieds dans l'Himalaya.

En 1972, les deux pays se sont entendus sur le tracé d'une ligne de contrôle au Cachemire, et l'ONU continue de garder des observateurs militaires en Inde et au Pakistan. Le Quartier général du Groupe siège tour à tour à Rawalpindi et à Srinagar, et le Canada en assure le transport par Hercules C130. Les observateurs canadiens ont été rappelés en 1979. Cinq personnes ont perdu la vie dans le cadre de cette mission.

# CHAPITRE 4

# COMMISSION INTERNATIONALE DE SURVEILLANCE ET DE CONTRÔLE (INDOCHINE) - CISC 1954-1974

**Autorisation** : Accords de Genève, 20 et 21 juillet 1954.

N'a pas été créée sous les auspices des Nations Unies.

Cessation des activités dans tous les secteurs : 15 juin 1974.

**Rôle** : Veiller au respect du cessez-le-feu, aider au rétablissement de l'ordre tandis que les forces militaires se regroupaient dans leurs zones respectives et empêcher l'entrée sur le territoire d'effectifs militaires et de matériels de guerre non autorisés.

La participation du Canada à la Commission internationale a eu ceci d'unique que des civils des Affaires extérieures se sont joints aux observateurs militaires, dans une proportion d'environ un civil pour trois militaires. L'Armée canadienne a fourni la majorité des militaires, la Marine royale du Canada et l'Aviation royale du Canada envoyant chacune trois observateurs. L'Inde et la Pologne ont également fourni des observateurs.

**Victimes** : Le sgt J.S. Byrne et le cpl V.J. Perkin ont été tués dans l'écrasement d'un avion, le 18 octobre 1965.

La première opération de maintien de la paix "à laquelle le Canada ait participé en dehors du cadre des Nations Unies fut le fruit d'une conférence tenue à Genève, à l'été de 1954" (*Les Forces armées du Canada*, 1867-1967, lcol D.J. Goodspeed).

Au moment où la guerre entre la France et le Viêt-minh prenait fin en Indochine, en 1954, trois pays émergeaient : le Cambodge, le Laos et le Viet Nam. Les Nations Unies ont décidé de ne pas intervenir dans la mesure où l'un des principaux protagonistes, la Chine, n'était pas membre de l'ONU. Les deux autres pays à fournir des diplomates et des observateurs à la Commission internationale étaient l'Inde et la Pologne.

Le 11 août 1954, les trois commissions étaient formées, et, en moins d'un mois, plus d'une centaine de Canadiens, civils et militaires, se mettaient à l'oeuvre : organisation de patrouilles, établissement de postes de contrôle, enquêtes sur les violations du cessez-le-feu, échanges de prisonniers et surveillance des mouvements de matériels et d'effectifs. Au Cambodge et au Laos, les opérations ont donné des résultats satisfaisants. Au Viet Nam, par contre, il a été beaucoup plus difficile de maîtriser la situation. Les importants mouvements de catholiques vers le Sud, l'infiltration de militaires nord-viet-

namiens et le manque de collaboration des délégués polonais ont découragé certains Canadiens.

En 1972, la délégation canadienne au Viet Nam ne comptait plus qu'une vingtaine de membres, les opérations au Cambodge et au Laos ayant été interrompues depuis longtemps. En mars 1973, il ne restait qu'à plier bagage et à rentrer au pays.

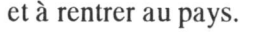

Cambodge, mars 1955. Rita l'éléphant fait faire un tour au maj Malone, du Canada, au lcdr Malia Singh, de l'Inde, et à un major polonais. L'éléphant plie le genou pour les aider à monter.

# CHAPITRE 5

# PREMIÈRE FORCE D'URGENCE DES NATIONS UNIES AU SINAÏ - FUNU I - 1956-1967

**Autorisation** : 4 novembre 1956.

Fin des opérations : 17 juin 1967.

**Rôle** :      Obtenir et superviser la cessation des hostilités ainsi que le retrait des troupes françaises, israéliennes et britanniques du territoire égyptien, puis servir de tampon entre les forces égyptiennes et israéliennes.

**Participation du Canada** : Escadron de reconnaissance blindé, unités de transmission, de génie, de transport aérien et terrestre, de maintenance et de contrôle des mouvements et peloton d'infanterie. Le porte-avions NCSM Magnificent a transporté des troupes et du matériel de Halifax à Port-Saïd, du 29 décembre 1956 au 11 janvier 1957.

**Commandants**

| | |
|---|---|
| Lgén E.L.M. Burns (Canada) | novembre 1956 - décembre 1958 |
| Lgén P.S. Gyani (Inde) | décembre 1959 - janvier 1964 |
| Mgén C.S. Paiva Chaves (Brésil) | janvier 1964 - août 1964 |
| Col L. Musicki (Yougoslavie) | août 1964 - janvier 1965 |
| Mgén S. Sarmento (Brésil) | janvier 1965 - janvier 1966 |
| Mgén I.J. Rikhye (Inde) | janvier 1966 - juin 1967 |

**Pays ayant fourni des troupes** : Brésil, Canada, Colombie, Danemark, Finlande, Inde, Indonésie, Norvège, Suède et Yougoslavie.

L'armistice général signé en 1949 par l'Égypte et Israël est devenu précaire en 1956, quand Israël, la France et le Royaume-Uni ont envahi le territoire égyptien après que l'Égypte eut nationalisé le canal de Suez, le financement de la construction du barrage d'Assouan sur le Nil ayant été compromis. Dans la vigoureuse offensive qui a suivi, Israël s'est emparé du Néguev pendant que le Royaume-Uni et la France occupaient la zone du canal. Le général Burns, du Canada, qui sert alors dans l'ONUST, exhorte les belligérants à conclure un cessez-le-feu. Dans la première semaine de novembre, des efforts sont faits pour mettre fin aux hostilités; le 7, Israël est invité à replier ses troupes derrière la ligne de démarcation de l'armistice de 1949, et les forces françaises et britanniques sont invitées à quitter l'Égypte. La Première Force de maintien de la paix de l'ONU (FUNU I) est créée, grâce notamment aux

efforts de Lester B. Pearson (Prix Nobel de la Paix) et de Dag Hammarskjöld, Secrétaire général de l'ONU.

Fait à signaler, la FUNU ne pouvait circuler qu'en territoire égyptien, opérant depuis l'Égypte avec le consentement du gouvernement égyptien. Cette situation allait avoir des répercussions importantes neuf ans plus tard.

Le Canada a proposé d'envoyer un contingent national, et son offre a été acceptée, mais le bataillon d'infanterie prévu (le *Queens Own Rifles* de Calgary) n'a pas quitté le pays par suite des objections des Égyptiens. Le président Nasser et M. Fawzi d'Égypte ont fait remarquer au général Burns que "les soldats canadiens étaient aussi des soldats de la reine Élisabeth, et que la population égyptienne ne saurait pas les distinguer des envahisseurs britanniques" (*Between Arab and Israelis*, E.L.M. Burns). Comme les troupes israéliennes se repliaient, le 56$^e$ Escadron de reconnaissance du Canada et d'autres éléments ont pris leur place. Les unités furent postées le long de la ligne de démarcation de l'armistice, les Canadiens patrouillant les 27 milles de la partie nord de la frontière israélo-égyptienne (frontière internationale), et le bataillon yougoslave assumant la responsabilité des quelque 100 milles restants, jusqu'au golfe d'Aqaba.

Les dix années suivantes n'ont été marquées d'aucun incident majeur; ailleurs au Proche-Orient, par contre, l'agitation grandissait. Des escarmouches entre la Syrie et Israël étaient par exemple signalées près du lac de Tibériade. En mai 1967, le commandant de la FUNU recevait l'ordre, suite à l'entente conclue entre la FUNU et le pays hôte, de retirer ses troupes d'El Sabka et de Charm al-Chaykh; Israël refusait toujours de laisser la FUNU pénétrer sur son territoire pour y servir de force tampon. Le 22 mai, l'Égypte ferme le détroit de Tiran à la navigation et, le 5 juin, une autre guerre éclate. Quinze soldats de la FUNU (aucun Canadien) sont tués pendant le repli. Le commandant et ses effectifs quittent la région le 17 juin et mettent ainsi fin à la présence de la FUNU dans le secteur.

Un contingent canadien se joint à la Force d'urgence des Nations Unies en Égypte. Les premiers soldats du contingent à atteindre l'Égypte sont arrivés par avion à l'aéroport Abu Suweir, près d'Ismaïlia, le 24 novembre. Leur commandant est le maj Norman Trower (à droite). Les Canadiens s'apprêtent à partir pour Port-Saïd, où ils remplaceront les forces d'invasion franco-britanniques. 26/11/56.

# CHAPITRE 6

# GROUPE D'OBSERVATION DES NATIONS UNIES AU LIBAN - UNOGIL - 1958

**Autorisation** : résolution de l'ONU du 11 juin 1958.

Fin des activités : 9 décembre 1958.

**Rôle** :       Empêcher les infiltrations illégales de personnes, d'armes ou de matériel au Liban.

**Membres du groupe d'observateurs**
      Galo Plaza (Équateur), président
      Rajeshwar Dayal (Inde)
      Mgén Odd Bull (Norvège)

**Pays participants** : Afghanistan, Argentine, Birmanie (aujourd'hui Myanmar), Canada, Ceylan (aujourd'hui Sri Lanka), Chili, Danemark, Équateur, Finlande, Inde, Indonésie, Irlande, Italie, Népal, Norvège, Nouvelle-Zélande, Pays-Bas, Pérou, Portugal et Thaïlande.

L'opération a commencé le 19 juin, sous la direction de Dag Hammarskjöld en personne; elle avait pour but de déterminer si la République arabe unie (la Syrie, dans ce cas) intervenait dans les affaires du Liban. L'**UNOGIL** avait pour mission de faire des patrouilles avec des jeeps de l'ONU peintes en blanc. On devait en outre établir des postes d'observation permanents, faire rapport par radio au quartier général de Beyrouth et constituer une réserve pour les situations d'urgence. Une équipe d'évaluation devait coordonner la collecte et le classement des renseignements, les missions de reconnaissance aérienne devaient être assurées par des hélicoptères et des avions légers, et le gouvernement libanais devait signaler tout cas d'infiltration présumée.

L'**UNOGIL** a eu de la difficulté à amener les parties à collaborer, et ce n'est qu'à la mi-juillet que le Groupe a pu avoir accès à tous les secteurs. Le 16 juillet, l'**UNOGIL** contrôle toutes les frontières du pays. Des troupes américaines débarquent en force le 15 juillet pour soutenir le gouvernement libanais, mais elles demeurent sur les plages. Pendant ce temps, des forces britanniques sont déployées en Jordanie. Début novembre, les forces britanniques et américaines se replient et, le 21 novembre, un plan de retrait de l'**UNOGIL** est approuvé. Le 9 décembre 1958, l'**UNOGIL** met fin à ses activités, le calme étant revenu dans la région.

Le capt Alf Rasmussen avec des miliciens locaux, à El Kak - 1958.

# CHAPITRE 7

# OPÉRATION DES NATIONS UNIES AU CONGO - ONUC 1960-1964

**Autorisation** : 14 juillet 1960.

Fin des opérations : 30 juin 1964.

**Rôle** :            Assurer le retrait des Forces belges. Aider le gouvernement à maintenir l'ordre public. Garantir l'intégrité du territoire et l'indépendance du Congo. Empêcher la guerre civile et refouler les forces militaires et paramilitaires étrangères ne relevant pas du commandement de l'ONU.

**Dépenses de l'ONU** : du début à la fin de la mission : 400 130 793 $.

**Commandants**

| | |
|---|---|
| Lgén C. von Horn (Suède) | juillet 1960 - décembre 1960 |
| Lgén S. MacEoin (Irlande) | janvier 1961 - mars 1962 |
| Lgén K. Guebre (Éthiopie) | août 1962 - juillet 1963 |
| Mgén C. Kaldager (Norvège) | août 1963 - décembre 1963 |
| Mgén A. Ironsi (Nigeria) | janvier 1964 - juin 1964 |

**Pays participants** : Argentine, Autriche, Brésil, Birmanie (aujourd'hui Myanmar), Canada, Ceylan (aujourd'hui Sri Lanka), Danemark, Éthiopie, Ghana, Guinée, Inde, Indonésie, Iran, Irlande, Italie, Liberia, Malaisie, Fédération du Mali et du Sénégal, Maroc, Nigeria, Norvège, Pakistan, Pays-Bas, Philippines, République arabe unie (Égypte), Sierra Leone, Soudan, Suède, Tunisie et Yougoslavie. De février 1963 à juin 1964, un bataillon de l'Armée nationale congolaise s'est joint à la force internationale.

L'ONUC avait pour mission de préserver la paix et la sécurité au Congo; les visées sécessionnistes du Katanga ont cependant constitué son principal sujet de préoccupation, même si cette question n'entrait pas dans son mandat. En février 1961, l'ONU s'était efforcée de faire sortir tous les ressortissants belges du Congo, mais des mercenaires belges restés au pays compliquaient la situation, à l'Assemblée de l'ONU et sur le terrain.

Le Canada a principalement fourni des unités de communication et des officiers de liaison chargés d'assurer les contacts entre les QG des divers bataillons d'infanterie. Plus de 200 signaleurs furent ainsi affectés à de petits détachements disséminés dans tout le Congo. Le lcol Paul Mayer et le sgt Lessard ont reçu la Médaille de Georges pour avoir sauvé plus d'une centaine de missionnaires dans la province du Kwilu. Pour l'ONU, la grande tragédie

L'hélicoptère dans lequel avait pris place le lcol Paul Mayer est examiné par le bgén J.A. Dextraze, chef d'état-major de la force des Nations Unies. Il y a 27 impacts de balle sur l'appareil piloté par le maj Harry Ashbury (retraité) (USA). Cette photo a été prise le 25 janvier 1964, le jour où Paul Mayer est allé délivrer des missionnaires qui avaient été capturés par les rebelles congolais.

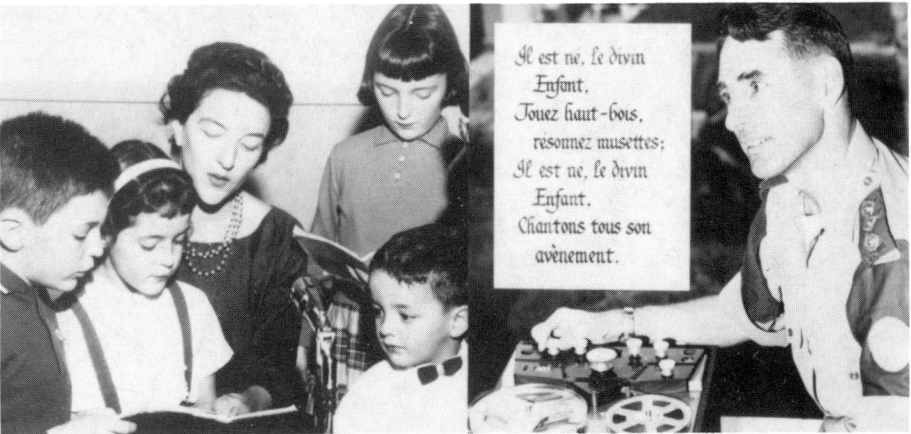

AU SERVICE DE L'O.N.U.C., NOËL 1960 Grâce à un magnétophone, le capitaine Jean Pariseau, P.P.C.L.I., écoute des chants de Noël exécutés par les membres de sa famille résidant à EDMONTON en Alberta, et enregistrés par la section des Relations publiques du QG de la région de l'Ouest. De g. à d. : Jacques (11), Suzanne (7), Thérèse née Maisonneuve (épouse), Jocelyne (9) et Robert (4). Après avoir commandé le détachement de Stanleyville pendant quatre mois, le capitaine Pariseau avait été rappelé à Léopoldville par le colonel Paul Smith, avec mission d'installer le périmètre de défense du lycée Athénée Royale qui servait d'abri au QG de la 57e Unité canadienne de transmissions, travail qui s'était révélé nécessaire à la suite de l'affaire de l'ambassade du Ghana. Ce photo-montage sert à rappeler un aspect important dans la vie des soldats du maintien de la paix : la famille qu'ils avaient laissée au Canada.

fut le décès de Dag Hammarskjöld et de sept membres de son état-major dans l'écrasement d'un avion, le 17 septembre 1961, trois jours seulement avant la conclusion d'un cessez-le-feu. Le calme est lentement revenu au Congo, mais les forces militaires y sont demeurées jusqu'au 30 juin 1964. C'était la première fois que la mission d'une force de l'ONU n'intéressait qu'un seul État souverain.

# CHAPITRE 8

# AUTORITÉ EXÉCUTIVE PROVISOIRE ET FORCE DE SÉCURITÉ DES NATIONS UNIES

[(POUR L'ADMINISTRATION DE LA NOUVELLE-GUINÉE OCCIDENTALE (IRIAN OCCIDENTAL)] - UNTEA 1962-1963

**Autorisation** : 21 septembre 1962.

Fin des opérations : 30 avril 1963.

**Rôle** :         Maintenir la paix et la sécurité sur le territoire placé sous la responsabilité de l'Autorité exécutive provisoire et Force de sécurité des Nations Unies (UNTEA) créée en vertu d'un accord conclu entre l'Indonésie et les Pays-Bas.

Le coût de l'opération a été entièrement assumé par l'Indonésie et les Pays-Bas.

**Commandant** : mgén S.U. Khan (Pakistan).

**Pays participants** : Canada, États-Unis et Pakistan. Le Brésil, Ceylan (aujourd'hui Sri Lanka), l'Inde, l'Irlande, le Nigeria et la Suède ont fourni des observateurs militaires du 18 août au 21 septembre 1962.

De 1954 à 1961 ont lieu des pourparlers sur le transfert à l'Indonésie des pouvoirs des Pays-Bas en Nouvelle-Guinée occidentale. Début 1962, des parachutistes indonésiens sont lâchés, et les Pays-Bas accusent l'Indonésie d'agression. L'Indonésie réplique en revendiquant l'Irian occidental. En août 1962, le différend aboutit à la signature, à New York, d'un accord en vertu duquel l'ONU assume la direction administrative de l'Irian occidental, y maintient l'ordre public et y assure les services courants jusqu'au 1$^{er}$ mai 1963, date à laquelle l'Irian doit passer sous l'autorité unique de l'Indonésie. Le Canada a fourni à cette mission de maintien de la paix des officiers et des hommes de l'ARC ainsi que deux appareils Otter équipés de flotteurs. Le 31 décembre 1962, le drapeau des Pays-Bas était remplacé par celui de l'Indonésie, et l'ONU cédait la direction administrative du pays au gouvernement nouvellement élu.

L'avion Otter utilisé en Nouvelle-Guinée occidentale par l'ARC. 1962-1963.

# CHAPITRE 9

# MISSION D'OBSERVATION DES NATIONS UNIES AU YÉMEN - UNYOM 1963-1964

**Autorisation** : 11 juin 1963.

Fin des opérations : 4 septembre 1964.

**Rôle** : Voir à l'application de l'accord de désengagement conclu entre l'Arabie saoudite et la République arabe unie (Égypte).

Le coût de l'opération a été entièrement assumé par l'Arabie saoudite et l'Égypte.

**Commandants**

| | |
|---|---|
| Lgén von Horn (Suède) | juillet - août 1963 |
| Col B. Pavlovic (Yougoslavie) | août - septembre 1963 |
| Lgén P. Gyani (Inde) | septembre - novembre 1963 |

**Pays participants** : Australie, Canada, Danemark, Ghana, Inde, Italie, Norvège, Pakistan, Pays-Bas, Suède et Yougoslavie.

La guerre civile éclate au Yémen en septembre 1962. Le conflit prend des dimensions internationales avec l'intervention de la République arable unie (Égypte) et de l'Arabie saoudite, qui supportent respectivement les forces républicaines et les forces monarchistes. L'affaire est étudiée par l'Assemblée générale de l'ONU en novembre, royalistes et républicains rivalisant pour se faire reconnaître. Les républicains l'emportent. Le roi Hussein de Jordanie recommande cependant que des observateurs de l'ONU soient envoyés au Yémen pour y garder une zone démilitarisée. L'**UNYOM** est créée.

L'Arabie saoudite devait cesser d'appuyer les royalistes, et l'Égypte, retirer les troupes qui soutenaient les républicains. La force de l'ONU comptait des observateurs, un bataillon de reconnaissance et une unité de l'ARC qui comprenait six appareils à voilure fixe, six hélicoptères et leurs équipages.

L'**UNYOM** avait une tâche inhabituelle. Comme aucun cessez-le-feu n'avait été conclu, les observateurs devaient se contenter de rendre compte des activités des forces saoudiennes et égyptiennes qui quittaient le Yémen. De plus, des tribus locales qui se déplaçaient de nuit pour éviter la chaleur traversaient la zone démilitarisée à leur gré, et les patrouilles aériennes ne pouvaient rien faire d'autre que de signaler les infractions. Malgré tout, la

mission a fait progresser la situation et, le 4 septembre 1964, les observateurs ont pu être retirés : les négociations entre l'Égypte et l'Arabie saoudite avaient porté fruit.

La 115e Unité de transport aérien de l'ARC, en service au Yémen. 1963-1964.

# CHAPITRE 10

# FORCE DES NATIONS UNIES CHARGÉE DU MAINTIEN DE LA PAIX À CHYPRE - UNFICYP - 1964

**Autorisation** : 4 mars 1964.

Toujours en activité.

**Rôle** : Dans le but de préserver la paix et la sécurité dans le monde, faire de son mieux pour éviter que ne reprennent les combats et, au besoin, contribuer au maintien et au rétablissement de l'ordre public ainsi qu'à un retour à la normale. Depuis 1974, surveiller le cessez-le-feu et établir une zone de sécurité entre la garde nationale chypriote, d'une part, et les forces turques et chypriotes turques, d'autre part.

Contributions volontaires des pays membres participants : 635,7 millions de dollars.

**Commandants**

| | |
|---|---|
| Lgén P. Gyani (Inde) | mars 1964 - juin 1964 |
| Général K.S. Thimayya (Inde) | juin 1964 - décembre 1965 |
| Bgén A. Wilson (Royaume-Uni) | décembre 1965 - mai 1966 |
| Lgén I. Martola (Finlande) | mai 1966 - décembre 1969 |
| Lgén D. Prem Chand (Inde) | décembre 1969 - décembre 1976 |
| Mgén J. Quinn (Irlande) | décembre 1976 - février 1981 |
| Mgén G. Greindl (Autriche) | mars 1981 - avril 1989 |
| Mgén C. Milner (Canada) | depuis avril 1989 |

**Pays participants** : Australie, Autriche, Canada, Danemark, Finlande, Irlande, Nouvelle-Zélande, Royaume-Uni et Suède.

C'est à Chypre que l'engagement du Canada a été le plus important.

La république de Chypre a été fondée en août 1960 et elle a adhéré à l'ONU. L'île a été gouvernée conjointement par des Chypriotes turcs et des Chypriotes grecs, mais seulement pendant trois ans. Après qu'on eut tenté de modifier la constitution, de graves incidents opposant les deux communautés éclatent en décembre 1963, et des unités des forces nationales turques envisagent d'appuyer la cause des Chypriotes turcs. Fin 1963, le problème est porté à l'attention du Conseil de sécurité de l'ONU, et le général Gyani (Inde) se rend à Chypre au début de 1964 pour évaluer la situation. Le Commonwealth britannique et l'OTAN essaient d'organiser des missions de maintien de la

paix, mais leurs efforts échouent. Le 11 mars, la Turquie lance un ultimatum. Paul Martin, Secrétaire d'État du Canada, obtient de la communauté internationale le soutien voulu pour créer une force de l'ONU. En deux jours seulement, l'ONU, le Parlement canadien et les Forces canadiennes parviennent à mettre un contingent canadien en route vers Chypre. La force ne devait "pas demeurer à Chypre plus de trois mois", et ses dépenses devaient être assumées par les pays participants. Le NCSM Bonaventure assure le transport des troupes et du matériel. L'ARC envoie 30 Hercules C130 chargés de matériel et plusieurs Yukon transportant du personnel. Le contingent canadien prend place dans le secteur de la route de Kerinia et le long de la Ligne verte, à Nicosie. Les forces de maintien de la paix réussissent à négocier des ententes, à étouffer des flambées de violence, à aider des civils et à régler les problèmes de sécurité causés par les deux parties jusqu'en 1974, quand l'invasion turque met fin à une période de paix fragile.

Le 20 juillet 1974, les Turcs débarquent des chars et parachutent des troupes pour assurer la sécurité des Chypriotes turcs après que la junte militaire grecque partisane de l'Énôsis (rattachement de l'île à la Grèce) eut renversé le gouvernement. En moins d'un mois, 40 000 soldats et 400 chars turcs débarqués à Chypre contrôlent 40 % de l'île. Les militaires canadiens de la force de l'ONU sont pris entre deux feux et doivent se redéployer. Ce n'est qu'à la mi-août qu'un cessez-le-feu peut être conclu, grâce aux efforts du Conseil de sécurité de l'ONU. Une zone de sécurité de 7 à 20 mètres de largeur couvrant 3 % de la superficie de l'île est instituée de Kato Pyrgos, au nord-ouest, à Dherinia, à l'est. En 1991, 576 Canadiens servaient à Chypre.

L'**UNFICYP** a été créée en 1964 et, depuis vingt-huit ans, le contingent canadien est remplacé tous les six mois; certains militaires en sont à leur deuxième ou à leur troisième tour de service. Jusqu'à ce jour, 154 membres de l'**UNFICYP**, tous pays confondus, ont trouvé la mort à Chypre.

Polycarpos Yorgadjis, ministre de la Défense intérimaire/ministre de l'Intérieur, discute des combats autour de la forteresse de Saint-Hilarion, en avril 1964, avec le slt Scotty Alexander, du RCD.

# CHAPITRE 11

# MISSION DU REPRÉSENTANT DU SECRÉTAIRE GÉNÉRAL EN RÉPUBLIQUE DOMINICAINE - DOMREP - 1965-1966

**Autorisation** : 14 mai 1965

Fin des opérations : 22 octobre 1966

**Rôle** :  Observer la situation et faire rapport sur les violations du cessez-le-feu conclu par les deux factions rivales.

**Dépenses de l'ONU** : 275 831 $.

**Pays participants** : Canada, Équateur et Brésil (deux observateurs à la fois).

**Conseillers militaires**

| | |
|---|---|
| Mgén I. Rikhye (Inde) | mai 1965 - décembre 1965 |
| Lcol P. Mayer (Canada) | janvier 1966 - octobre 1966 |

En avril 1965, des militaires renversent le gouvernement de la République dominicaine, et la guerre civile éclate, engageant deux factions rivales. Pour garantir la sécurité de leurs ressortissants, les États-Unis débarquent sur l'île une force de 12 000 hommes. Grâce à la coopération de l'Organisation des États américains (OEA), quelque 1 700 soldats de six pays d'Amérique latine se joignent aux forces américaines, leur mission première consistant à restaurer la paix.

En mai, le Secrétaire général adjoint de l'OEA communique avec le Conseil de sécurité de l'ONU et l'informe des objectifs de la force multinationale. Le Conseil de sécurité de l'ONU recommande qu'un représentant du Secrétaire général de l'ONU soit envoyé en République dominicaine et, le 15 mai, Jose Mayobne du Venezuela et le mgén Rikhye de l'Inde débarquent. Deux observateurs militaires du Canada, du Brésil ou de l'Équateur reçoivent mission de coordonner les opérations avec la Force de paix interaméricaine.

L'OEA, les deux factions dominicaines et l'ONU font diverses tentatives pour négocier un cessez-le-feu. Par ses fréquents rapports à l'Assemblée générale, le représentant de l'ONU contribue à maintenir une pression propice au règlement du différend. En juillet, des troupes de la Force de paix interaméricaine sont retirées et, en août, il est convenu que Joaquin Balaguer formera un gouvernement, et il est nommé président du gouvernement transitoire en septembre. Les tensions entre les factions militaires rivales sont progressivement maîtrisées, et des élections sont prévues pour juin 1966. En décembre

1965, toutefois, des combats éclatent, et les activités terroristes reprennent, mais en janvier 1966, le calme revient. Les élections présidentielles se déroulent comme prévu le 1$^{er}$ juin, et le gouvernement est en place un mois plus tard. La Force de paix interaméricaine se retire le 21 décembre 1966, et la mission des Nations Unies se termine un mois plus tard.

Paul Mayer, le seul Canadien affecté à la DOMREP. 1965-1966.

## CHAPITRE 12

# MISSION D'OBSERVATION DES NATIONS UNIES POUR L'INDE ET LE PAKISTAN - MONUIP - 1965-1966

**Autorisation** : 20 septembre 1965

Fin des opérations : 22 mars 1966

**Rôle** : Superviser le cessez-le-feu le long de la frontière indo-pakistanaise, à l'exception de l'État de Jammu-et-Cachemire (territoire de l'UNMOGIP) ainsi que le repli des forces armées sur les positions qu'elles occupaient avant le 5 août 1965.

**Dépenses de l'ONU** : 1 713 280 $.

**Commandant** : mgén Bruce Macdonald (Canada) pendant toute la période.

**Pays participants** : Pendant la phase initiale : Australie, Belgique, Canada, Chili, Danemark, Finlande, Irlande, Italie, Norvège, Nouvelle-Zélande, Pays-Bas et Suède. L'ONUST et l'UNMOGIP envoient aussi des observateurs militaires. De septembre 1965 à mars 1966 : Brésil, Birmanie (aujourd'hui Myanmar), Canada, Ceylan (aujourd'hui Sri Lanka), Éthiopie, Irlande, Népal, Nigeria, Pays-Bas et Venezuela.

Début 1965, un différend territorial touchant le Rann de Kutch oppose l'Inde et le Pakistan et dégénère en conflit armé. Le Conseil de sécurité de l'ONU demande aux belligérants de conclure un cessez-le-feu le 4 septembre, et l'UNMOGIP doit être renforcé, car il ne dispose pas des effectifs voulus pour observer le cessez-le-feu et superviser le retrait des belligérants. Le 20 septembre, les combats se sont propagés à la frontière de l'Inde et du Pakistan occidental; après négociation, un nouveau cessez-le-feu est prévu pour le 22 septembre et, qui plus est, les troupes indiennes et pakistanaises doivent se replier sur leurs positions du 5 août. Le conflit ayant débordé le secteur confié à l'UNMOGIP, on décide de créer une autre force, la **MONUIP**, dont la tâche consiste uniquement à faire respecter le cessez-le-feu dans le secteur disputé. Ce n'est qu'en décembre 1965 que la **MONUIP** amène les deux parties à suspendre les hostilités et à accepter de se replier.

En janvier 1966, les leaders indiens et pakistanais se rencontrent à Tachkent, en URSS, et ils conviennent de mettre fin au conflit et de respecter les résolutions de l'ONU touchant le retrait des troupes. Le 26 février, le Secrétaire général est en mesure de déclarer que le retrait est terminé, et le mandat

de la **MONUIP** prend fin le 22 mars. L'UNMOGIP reprend le contrôle de la région le 22 mars 1966.

Le maj Rene Gutknecht reçoit sa médaille de la MONUIP des mains du mgén Bruce Macdonald Lahore. Pakistan, mars 1966.

# CHAPITRE 13

# ÉQUIPE D'OBSERVATEURS AU NIGERIA - OTN 1968-1969

**Autorisation** : septembre 1968

N'a pas été créée sous les auspices des Nations Unies.

Fin des opérations : 1970

**Rôle** :        Observer les forces armées du Nigeria pour s'assurer qu'elles respectent leur code de discipline et faire enquête sur les accusations de génocide lancées contre les militaires.

**Pays participants** : Canada, Organisation de l'unité africaine, Pologne, Royaume-Uni et Suède. (Participation du Secrétaire général de l'ONU.)

Fin mai 1967, le Nigeria-Oriental se déclare indépendant et prend le nom de république du Biafra. La guerre civile éclate. La situation est suivie de près par les médias du monde entier, et un appel est lancé afin que les belligérants mettent fin aux sévices auxquels est soumise la population des territoires disputés. Le Royaume-Uni demande la création d'une force de maintien de la paix et d'observateurs et invite le Canada à fournir une aide égale à la sienne; le gouvernement nigérian, de son côté, réclame la présence d'une équipe d'observateurs internationaux. L'OTN se met au travail le 25 septembre. Fait inhabituel, les observateurs convoquent la presse internationale après chaque mission d'inspection et ils invitent parfois des journalistes à participer aux inspections. Dans l'ensemble, les Forces armées nigérianes n'ont pas enfreint leur code de discipline, et il n'est pas prouvé qu'il y a eu génocide (il y a eu famine, certes, mais pas d'extermination). L'équipe canadienne ne comprenait que deux officiers, le bgén Milroy et le lcol Pennington, qui ont été remplacés par le bgén Hamilton et le maj Harper, puis par le bgén Drewry et le maj Bristowe. Début 1970, le Canada se retire après que le plan de paix négocié par les Canadiens Drewry et Bristowe eut été signé.

Le bgén Bill Milroy. Nigeria, 1968.

## CHAPITRE 14

# DEUXIÈME FORCE D'URGENCE DES NATIONS UNIES AU SINAÏ - FUNU II - 1973-1979

**Autorisation** : 25 octobre 1973

Fin des opérations canadiennes : 24 juillet 1979

**Rôle :** Surveiller le cessez-le-feu entre l'Égypte et Israël, suite aux accords du 18 janvier 1974 et du 4 septembre 1974. Superviser le redéploiement des forces égyptiennes et israéliennes et prendre en charge les zones de sécurité.

**Dépenses de l'ONU** : 446 487 000 $.

**Commandants :**

| | |
|---|---|
| Lgén E. Siilasvuo (Finlande) | 25 octobre 1973 - 19 août 1975 |
| Lgén B. Liljestrand (Suède) | 20 août 1975 - 30 novembre 1976 |
| Mgén R. Abin (Indonésie) | 1$^{er}$ déc. 1976 - 6 septembre 1979 |

**Pays participants** : Australie, Autriche, Canada, Finlande, Ghana, Indonésie, Irlande, Népal, Panama, Pérou, Pologne, Sénégal et Suède.

Début octobre 1973, l'armée égyptienne franchit le canal de Suez et attaque les positions israéliennes. Au même moment, les Syriens attaquent les forces israéliennes sur les hauteurs du Golan. Le Conseil de sécurité de l'ONU se réunit du 8 au 12 octobre, mais n'arrive pas à prendre une décision.

Une semaine plus tard, Israël lance une contre-attaque, traverse le canal et isole la III$^e$ armée égyptienne. L'URSS et les États-Unis demandent au Conseil de sécurité de convoquer une réunion d'urgence pour amener les belligérants à conclure un cessez-le-feu. La situation en Égypte est critique, et le président Anouar el-Sadate demande aux forces américaines et soviétiques de faire appliquer le cessez-le-feu. Le Secrétaire général présente une résolution pour faire augmenter le nombre des observateurs de l'ONUST dans la région et obtenir des troupes additionnelles, jusqu'à ce que l'effectif de la **FUNU II**, formée à cette époque, atteigne 7 000 personnes.

Le Canada fournit une unité de logistique de 1 000 personnes à laquelle se joignent 800 Polonais. Le mandat de la **FUNU II** était de six mois; il a été renouvelé à huit reprises. L'ONU avait pour objectif premier de mettre fin aux combats, d'empêcher les forces israéliennes et égyptiennes de progresser l'une vers l'autre et d'approvisionner en fournitures non militaires les troupes coupées de leurs bases d'approvisionnement.

Début novembre 1973, les troupes israéliennes en Égypte sont remplacées par la force de l'ONU, des prisonniers sont échangés, et les corps des victimes sont rapatriés. En janvier 1974, la **FUNU II** s'interpose entre les belligérants et continue de se déployer jusqu'à l'automne. Le déploiement a demandé un peu plus d'un an, le retrait progressif des Israéliens devant se faire en trois ans. La **FUNU II** a été dissoute le 24 juillet 1979 quand l'accord israélo-égyptien du Camp David lui a fait perdre sa raison d'être.

Le sgt Gerry Cameron travaille avec un menuisier civil, Mohamed Mamdouk Taher, dans le Secteur de maintenance des Nations Unies. Ismaïlia (Égypte), 1977.

# CHAPITRE 15

# COMMISSION INTERNATIONALE DE CONTRÔLE ET DE SURVEILLANCE (VIET NAM) - CICS - 1973

**Autorisation** : janvier 1973

N'a pas été créée sous les auspices des Nations Unies.

Fin des opérations canadiennes : juillet 1973

**Rôle** : Contrôler le cessez-le-feu au Sud Viet Nam, superviser l'échange de prisonniers et empêcher l'accumulation de matériel militaire.

**Pays participants** : Canada, Hongrie, Indonésie et Pologne. (La délégation canadienne comprenait plus de 200 membres des FC et 50 personnes des Affaires extérieures.)

La structure de la **CICS** s'apparentait à celle de la CISC (voir le chapitre 4). Le chef de la délégation canadienne était l'ambassadeur Michel Gauvin, et le mgén Duncan McAlpine agissait comme conseiller militaire principal. Le cessez-le-feu avait été conclu le 27 janvier, deux jours avant l'arrivée des Canadiens, et les troupes américaines avaient 60 jours pour se replier. Les Canadiens occupaient des postes clés dans plusieurs domaines : administration, communications, transports, approvisionnements, enquêtes touchant les échanges de prisonniers et information de la presse. En fait, ils assuraient la direction de la **CICS**.

Des camps, des équipes mobiles et des postes de contrôle aux points d'entrée sont établis. En février et mars, les équipes sont déployées dans le Sud Viet Nam, et notamment dans des secteurs aux mains du Viêt-cong.

En mars et avril, le nombre des enquêtes augmente à mesure que les forces américaines se retirent, et les Canadiens utilisent du matériel photographique et des magnétophones pour recueillir des preuves. Les conditions d'hygiène laissant à désirer, des observateurs tombent malades et doivent être hospitalisés. Le premier Canadien à perdre la vie dans le cadre de l'opération est le capt Laviolette, du Corps blindé; il a péri avec sept autres personnes dans l'écrasement d'un hélicoptère de la **CICS** abattu par les communistes, le 7 avril 1973.

Après deux prolongations du mandat original de la Commission, les Canadiens quittent le Sud Viet Nam, le 31 juillet 1973. Deux destroyers canadiens, les NCSM Terra Nova et Kootenay demeurent cependant en Mer de Chine au cas où il faudrait procéder à une évacuation.

Pendant la mission, 32 000 prisonniers ont été échangés, 1 700 détenus civils ont été libérés, et plus de 1 000 enquêtes ont été faites.

La **CICS** est demeurée en activité deux ans après le départ des Canadiens; les trois autres pays se sont retirés quand ils n'ont plus été capables de remplir efficacement leur rôle.

Remise en liberté des capt Patton et Thompson, qui sont pris en charge par l'Equipe de secours canadienne, au Sud Viet Nam, en juillet 1973. Les quatre officiers canadiens sur cette photo sont, de gauche à droite, le capt Wayne Denke, le lcol Lew West (chef d'équipe), le capt Ian Patton et le capt Fletcher Thompson.

## CHAPITRE 16

# FORCE DES NATIONS UNIES CHARGÉE D'OBSERVER LE DÉGAGEMENT SUR LE PLATEAU DU GOLAN - FNUOD - 1974

**Autorisation** : 31 mai 1974.

Toujours en activité.

**Rôle :**     Surveiller le cessez-le-feu entre Israël et la Syrie et surveiller les forces de part et d'autre d'une zone de sécurité créée en vertu de l'accord de dégagement conclu entre Israël et la Syrie.

**Dépenses de l'ONU** au 31 mai 1991 : 473,1 millions de dollars.

**Commandants**

| | |
|---|---|
| Bgén G. Zevallos (Pérou) | 3 juin 1974 - 14 décembre 1974 |
| Col H. Philip (Autriche) | 15 décembre 1974 - 7 juillet 1975 |
| (en tant que mgén) | 8 juillet 1975 - 21 avril 1979 |
| Col G. Greindl (Autriche) | 22 avril 1979 - 30 novembre 1979 |
| (en tant que mgén) | 1$^{er}$ décembre 1979 - 25 février 1981 |
| Mgén E.R. Kaira (Finlande) | 26 février 1981 - 31 mai 1982 |
| Mgén C.G. Stahl (Suède) | 1$^{er}$ juin 1982 - 31 mai 1985 |
| Mgén G. Hagglund (Finlande) | 1$^{er}$ juin 1985 - 31 mai 1986 |
| Bgén D. Yuill (Canada) | 1$^{er}$ juin 1986 - 30 juin 1986 |
| Mgén N. Welin (Suède) | 1$^{er}$ juillet 1986 - 9 sept. 1988 |
| Mgén A. Radauer (Autriche) | 10 sept. 1988 - 30 sept. 1991 |
| Mgén R. Misztel (Pologne) | depuis le 1$^{er}$ octobre 1991 |

**Pays participants** : Autriche, Canada, Finlande, Iran, Pérou et Pologne.

Comme les combats prenaient fin dans la zone contrôlée par la FUNU II, l'attention mondiale s'est portée sur le front israélo-syrien. Les combats s'étaient calmés en 1973, et des observateurs de l'ONU avaient pu établir des postes d'observation. Début mars 1974, on observe des incidents frontaliers qui vont se multiplier et devenir de plus en plus violents dans les trois mois suivants. En mai 1974, le secrétaire d'État américain négocie un accord de dégagement entre Israël et la Syrie. Les belligérants s'entendent pour observer un cessez-le-feu sur terre, en mer et dans les airs. L'accord prévoit en outre la création d'une zone de sécurité, le recul des forces en présence,

l'échange de prisonniers de guerre et le retour des victimes pour qu'elles puissent être inhumées. Le 31 mai, le représentant américain à l'ONU demande au Conseil de sécurité de remanier l'accord et d'en confier l'application à une nouvelle force de l'ONU. C'est ainsi qu'est créée la **FNUOD**, pour une période initiale de six mois.

Il est entendu qu'on utilisera des troupes de campagne des contingents autrichiens et péruviens de la FUNU II et qu'on créera un élément logistique formé de Canadiens et de Polonais. À cette force devaient s'ajouter 90 observateurs de l'ONUST.

La **FNUOD** s'est acquittée de son mandat et a veillé à ce que les forces israéliennes et syriennes ne pénètrent pas dans la zone de désengagement. Des mesures humanitaires sont également prises pour aider les civils à reprendre un rythme de vie normal, et la Croix-Rouge internationale aide aux opérations d'échanges de prisonniers et de victimes. Cela ne s'est pas fait sans incident. En juin 1974, quatre Autrichiens ont été tués dans l'explosion d'une mine, et un autre est décédé dans des circonstances analogues en avril 1977. Le 9 août 1974 survient le plus tragique épisode de la participation des Canadiens à des opérations de maintien de la paix : neuf Canadiens perdent la vie quand l'appareil à bord duquel ils se trouvent est abattu par un missile sol-air syrien. Jusqu'à ce jour, 26 personnes de toutes nationalités ont perdu la vie dans des opérations de la **FNUOD**.

À l'heure actuelle, la situation est calme, mais la **FNUOD** poursuit sa mission, sans qu'on puisse dire pour combien de temps encore.

FNUOD, Syrie. Le maj Pat Murphy discute avec des Syriens - 3 mai 1984.

# CHAPITRE 17

# FORCE INTÉRIMAIRE DES NATIONS UNIES AU LIBAN - FINUL - 1978

**Autorisation** : 19 mars 1978.

Toujours en activité (mars à octobre 1978 seulement dans le cas du Canada).

**Rôle** :  Confirmer le retrait des forces israéliennes dans le Sud du Liban. Rétablir la paix et la sécurité et aider le gouvernement libanais à maintenir son autorité dans la région.

**Dépenses de l'ONU** au 31 juillet 1990 : 1 762,9 millions de dollars.

**Commandants**

| | |
|---|---|
| Lgén E. Erskine (Ghana) | mars 1978 - février 1981 |
| Lgén W. Callaghan (Irlande) | février 1981 - mai 1986 |
| Mgén G. Hagglund (Finlande) | juin 1986 - juin 1988 |
| Lgén L.E. Wallgren (Suède) | depuis juillet 1988 |

**Pays participants** : Canada, Fidji, Finlande, France, Ghana, Iran, Irlande, Italie, Népal, Nigeria, Norvège, Pays-Bas, Sénégal et Suède.

La guerre civile ayant éclaté au Liban en avril 1975, la région est encore une fois le théâtre d'hostilités. Les troupes syriennes de la Force de dissuasion arabe pénètrent dans le Sud du Liban, et, en mars 1978, l'Organisation de libération de la Palestine lance une série de raids contre Israël; Israël envahit le Sud du Liban par mesure de représailles. Le gouvernement libanais proteste et s'adresse au Conseil de sécurité de l'ONU à la mi-mars. Le 19 mars, la **FINUL** est formée. Suivant l'usage, des observateurs de l'ONUST sont envoyés dans la région, et des troupes de forces de maintien de la paix de l'ONU en service se joignent à eux pour faire respecter le cessez-le-feu. Le Canada fournit une unité de transmissions et un détachement de contrôle des mouvements de la FUNU II, qui réintégreront cette formation en octobre 1978.

La tâche de la **FINUL** est d'autant plus délicate que les belligérants ne veulent pas de la présence de l'ONU. La première proposition des Israéliens n'ayant pas été acceptée par l'ONU, des modifications y sont apportées et, en juin 1978, les troupes israéliennes ont quitté le Sud du Liban; il subsiste cependant dans la région des factions qui auraient dû en être expulsées. L'infiltration de groupes armés et les manoeuvres militaires des forces de défense israéliennes à proximité de la ligne de démarcation de l'armistice sont également une source de problèmes. Les incursions dans les eaux territoriales et l'espace aérien du Liban se poursuivent. Bref, la **FINUL** ne réussit pas à maintenir

une zone de sécurité étanche entre les forces en présence, et les hostilités éclatent de nouveau en 1982. En juin, les Israéliens envahissent le Sud du Liban, et des éléments de l'armée israélienne demeurent pendant presque un an dans la zone confiée à la **FINUL**. Depuis, des factions israéliennes et libanaises ont empêché la **FINUL** de s'acquitter de sa mission. Du 19 mars 1978 au 31 mars 1991, 177 personnes sont décédées dans le cadre des opérations de maintien de la paix de la **FINUL**.

Le cplc Denoble et le sdt Demers au QG du bataillon fidjien. Liban, 1978.

## CHAPITRE 18

# FORCE MULTINATIONALE ET OBSERVATEURS (SINAÏ) - FMO - 1986

**Autorisation** : 26 mars 1979.

Non créée sous les auspices des Nations Unies.

Toujours en activité. Est devenue opérationnelle le 25 avril 1982.

**Rôle** : Superviser le retrait des forces israéliennes du Sinaï et voir à ce que l'Égypte et Israël respectent les dispositions du traité de paix de 1979.

Dépenses partagées également entre les États-Unis, l'Égypte et Israël (90 millions de dollars par an).

**Commandants**

| | |
|---|---|
| Lgén Fredirk Bull-Hansen (Norvège) | octobre 1981 - mars 1984 |
| Lgén Egil Inggebrigtsen (Norvège) | mars 1984 - avril 1989 |
| Lgén Donald McIver (Nouvelle-Zélande) | avril 1989 - avril 1991 |
| Lgén Joop VanGinkel (Hollande) | avril 1991 |

**Pays participants** : Australie, Canada, Colombie, États-Unis d'Amérique, Fidji, France, Italie, Nouvelle-Zélande, Pays-Bas, Royaume-Uni, Uruguay.

Le Canada a commencé à participer aux opérations de la **FMO** en mars 1986 quand une unité d'hélicoptères polyvalents a remplacé une formation australienne. L'unité a été affectée à des activités de vérification, d'observation, de commandement et de contrôle.

Dès que le 408$^e$ Escadron est devenu opérationnel, on lui a confié une foule de missions d'appui : transport d'observateurs civils, commandement et contrôle, administration de bataillons d'infanterie, recherche et sauvetage, évacuation de blessés et, surtout, instruction d'unités. Les observateurs civils sont des militaires américains à la retraite et des représentants du State Department (ministère des Affaires étrangères) américain, qui vérifient la position des troupes. Chose normale, 30 % des vols consistent en des missions d'appui direct des bataillons d'infanterie de la **FMO**.

La **FMO** est une force de maintien de la paix qui ne relève pas de l'ONU, mais qui aide grandement Israël et l'Égypte à maintenir de bonnes relations. Elle a été connue du public en décembre 1985, quand plusieurs centaines de membres de la 82$^e$ Division aéroportée qui rentraient aux États-Unis après avoir servi au sein de la **FMO** ont péri dans l'écrasement de l'appareil qui les transportait, à Gander (Terre-Neuve). L'accord du Camp David signé par le

président Carter, le président Sadate et le premier ministre Begin ainsi que la création de la **FMO** qui en a résulté ont contribué à rétablir la paix dans une région très agitée.

En mars 1990, le Canada a rappelé ses hélicoptères, à la demande de la **FMO**. Vingt-sept Canadiens continuent néanmoins de travailler au quartier général de la **FMO**, à El Gorah, dans des postes d'état-major ou de soutien.

Un hélicoptère CH-135 Twin Huey atterrit à El Gorah, dans le Sinaï. Il appartient à l'Unité d'hélicoptères de la FMO.

## CHAPITRE 19

# MISSION DE BONS OFFICES DES NATIONS UNIES EN AFGHANISTAN ET AU PAKISTAN-UNGOMAP - 1988-1990

**Autorisation** : 25 avril 1988.

Fin des activités : 15 mars 1990.

**Rôle** : Aider le représentant du Secrétaire général à assurer l'application des accords relatifs à l'Afghanistan. Enquêter et faire rapport sur les violations des dispositions de l'accord.

**Dépenses de l'ONU** : 14 029 010 $.

**Représentants du Secrétaire général de l'ONU**

| | |
|---|---|
| Diego Cordovez (Équateur) | avril 1988 - janvier 1990 |
| Benon Sevan (Chypre) | depuis janvier 1990 |

**Représentants adjoints**

| | |
|---|---|
| Mgén R. Helminen (Finlande) | avril 1988 - mai 1989 |
| Col H. Happonen (Finlande) | mai 1989 - mars 1990 |

**Pays participants** : Autriche, Canada, Danemark, Fidji, Finlande, Ghana, Irlande, Népal, Pologne et Suède.

Fin 1979, les forces soviétiques envahissent l'Afghanistan. En janvier 1980, l'Assemblée générale de l'ONU adopte une résolution pour exiger le retrait de plus de 100 000 militaires soviétiques.

Le Secrétaire général de l'époque, Perez de Cuellar, est envoyé au Pakistan et en Afghanistan avec mission de résoudre le conflit. Plus de six années de négociation n'aboutissent cependant pas à un cessez-le-feu. Début 1988, toutefois, Moscou s'engage unilatéralement à retirer ses troupes à compter de mai 1988. Des accords touchant l'Afghanistan sont signés le 14 avril 1988, et l'**UNGOMAP** est créée. La Mission a pour mandat de contrôler le retrait des troupes soviétiques et le libre retour des réfugiés.

L'opération est suivie sans incident par des observateurs militaires de l'ONU, et les dernières troupes soviétiques quittent l'Afghanistan le 15 février 1989. Des violations émanant du côté pakistanais de la frontière commune et des actes belliqueux font l'objet d'enquêtes. L'organisation de réunions conjoin-

tes à compter de mars 1989 a grandement aidé l'**UNGOMAP** à s'acquitter de sa tâche.

La Mission de bons offices des Nations Unies en Afghanistan et au Pakistan a cessé ses activités le 15 mars 1990.

Le major Geordie Elms (2e à partir de la droite), en compagnie d'observateurs militaires polonais et ghanéens, discute des modalités de surveillance de l'étape ultime du retrait des troupes soviétiques, près du pont de l'Amitié. Hayratan, 15 février 1989.

## CHAPITRE 20

# GROUPE D'OBSERVATEURS MILITAIRES DES NATIONS UNIES POUR L'IRAN ET L'IRAQ - GOMNUII - 1988-1991

**Autorisation** : 9 août 1988.

Fin des activités : 20 février 1991.

**Rôle :**　　　　Vérifier, confirmer et surveiller le cessez-le-feu ainsi que le repli de toutes les forces jusqu'aux frontières reconnues.

Dépenses de l'ONU au 30 septembre 1990 : 172,9 millions de dollars.

**Observateur militaire en chef** :

mgén S. Jovic (Yougoslavie) de septembre 1988 à novembre 1990.

**Chef intérimaire** :

bgén S. Anam Khan (Bangladesh) de novembre 1990 à février 1991.

**Pays participants** : Argentine, Australie, Autriche, Bangladesh, Canada, Danemark, Finlande, Ghana, Hongrie, Inde, Indonésie, Irlande, Italie, Kenya, Malaysia, Nouvelle-Zélande, Nigeria, Norvège, Pérou, Pologne, Sénégal, Suède, Turquie, Uruguay, Yougoslavie et Zambie.

La guerre entre l'Iran et l'Iraq durait depuis presque huit ans quand des pourparlers entre les deux pays ont mené à un cessez-le-feu, en août 1988. Le 8 août, les belligérants signent l'accord qui prévoit l'institution d'un cessez-le-feu le 20 août suivant. Le **GOMNUII** a la mission suivante : établir et contrôler une ligne de cessez-le-feu entre les belligérants; faire enquête sur les violations; négocier un retrait simultané; surveiller le repli des forces jusqu'aux frontières internationales; amener les deux parties à s'entendre, afin d'éviter un accroissement des tensions.

Le **GOMNUII** est demeuré en activité jusqu'au 17 janvier 1991, date à laquelle les observateurs et l'état-major basés en Iraq furent rappelés, après le déclenchement de la guerre du Golfe. Le 28 février 1991, le Conseil de sécurité laisse le mandat du **GOMNUII** expirer.

Le soutien aérien du GOMNUII, en Irak, est assuré par Ken Borek Ltd, de Calgary (Alberta), qui utilise les services de pilotes de brousse canadiens - 1988.

## CHAPITRE 21

# GROUPE D'ASSISTANCE DES NATIONS UNIES POUR LA PÉRIODE DE TRANSITION [EN NAMIBIE] - GANUPT - 1989-1990

**Autorisation** : 16 février 1989.

Fin des activités : 21 mars 1990.

**Rôle** :          Aider le représentant spécial du Secrétaire général à faire en sorte que la Namibie accède rapidement à l'indépendance, par l'organisation d'élections sous la surveillance et le contrôle des Nations Unies.

**Dépenses de l'ONU** : 383,5 millions de dollars.

**Commandant** :
          lgén D. Prem Chand (Inde) du $1^{er}$ avril 1989 au 21 mars 1990.

**Pays participants** : Australie, Autriche, Bangladesh, Barbade, Belgique, Canada, Chine, Congo, Costa Rica, Danemark, Égypte, Espagne, Fidji, Finlande, France, Ghana, Grèce, Guyana, Hongrie, Inde, Indonésie, Irlande, Italie, Jamaïque, Japon, Kenya, Malaysia, Nigeria, Norvège, Nouvelle-Zélande, Pakistan, Panama, Pays-Bas, Pérou, Pologne, Portugal, République démocratique allemande, République fédérale d'Allemagne, Royaume-Uni, Singapour, Soudan, Suède, Suisse, Tchécoslovaquie, Thaïlande, Togo, Trinité et Tobago, Tunisie, URSS et Yougoslavie.

Le **GANUPT** se distingue des autres missions en ce que plus de 50 pays membres de l'ONU y ont participé. Le Canada, pour sa part, a fourni plus de 250 militaires et, pour la première fois, des membres de la Gendarmerie royale du Canada.

La supervision des élections a été assurée par 27 pays. En novembre 1989, les Namibiens allaient aux urnes pour désigner leur première assemblée constituante. Cette journée marquait la conclusion d'une année d'efforts déployés par l'ONU pour que les élections se déroulent dans la paix.

La Namibie comptait 10 régions et 32 districts qui devaient faire l'objet de mesures de surveillance et de contrôle pendant la période de transition. Le territoire a été subdivisé en 23 circonscriptions électorales, et l'inscription des électeurs s'est faite du 3 juillet au 23 septembre 1989. Les élections se sont déroulées du 7 au 11 novembre 1989, et près de 2 000 superviseurs ont été affectés aux 358 bureaux de scrutin. Le **GANUPT** pouvait compter sur plus

de 1 000 policiers de contrôle. Plus de 97 % des électeurs inscrits ont voté. Les résultats ont été annoncés le 14 novembre. L'indépendance a été proclamée le 21 mars 1990, et le Secrétaire général de l'ONU a assermenté le président nouvellement élu. La Namibie a adhéré à l'ONU, et le **GANUPT** a mis fin à ses activités.

Des membres de la Gendarmerie royale du Canada (GRC) patrouillent la frontière de l'Angola - février 1990. Ici, ils reçoivent la visite de leur sergent-major, Eric Young, qui arrive du Canada.

Photo de la GRC.

# CHAPITRE 22

# MISSION DE VÉRIFICATION DES NATIONS UNIES EN ANGOLA - UNAVEM II 1989

**Autorisation** : 20 décembre 1988 (UNAVEM I)

Toujours en activité (le début de la participation du Canada remonte à juin 1991).

**Rôle** :  Vérifier le redéploiement vers le nord et le retrait progressif et total des troupes cubaines du territoire angolais, conformément au calendrier convenu entre l'Angola et Cuba.

Dépenses de l'ONU depuis le 2 août 1991 : 19,1 millions de dollars.

**Observateurs militaires en chef**
Bgén P. Gomes (Brésil)      23 décembre 1988 - 1$^{er}$ octobre 1991
Mgén E. Unimma (Nigeria)      depuis le 2 octobre 1991

**Pays participants** : Algérie, Argentine, Brésil, Canada (depuis juin 1991), Congo, Espagne, Inde, Jordanie, Norvège, Tchécoslovaquie et Yougoslavie.

La création de la Mission dérive des accords prévoyant l'indépendance de la Namibie et le retrait des troupes cubaines de l'Angola. Le GANUPT a rempli sa mission en Namibie, et l'UNAVEM a pour mandat de rétablir progressivement la situation en Angola. Le Canada a accepté de participer à la mission de 1991 en Angola à la demande du Secrétaire général de l'ONU.

En juin 1991, quinze officiers canadiens sont partis pour l'Angola en qualité d'observateurs militaires des Nations Unies. La deuxième phase des opérations a suivi l'accord de paix qui a été signé à Lisbonne, en mai 1991. Le repli des forces sud-africaines et cubaines a mis fin à une guerre civile qui durait depuis seize ans. L'effectif des observateurs militaires affectés à l'**UNAVEM II** passera de 60 à plus de 600.

Maintenant que les Forces canadiennes participent aux opérations de maintien de la paix en Angola, elles peuvent se vanter d'avoir été associées à toutes les missions des Nations Unies.

Le maj Paul Hale et le maj Luis Araujo discutent avec un officier de l'Armée angolaise, sous l'oeil attentif du vice-amiral Robert George, Sous-chef d'état-major de la Défense. Luanda, février 1992.

## CHAPITRE 23

# GROUPE D'OBSERVATEURS DES NATIONS UNIES EN AMÉRIQUE CENTRALE - ONUCA 1989-1992

**Autorisation** : 7 novembre 1989.

Fin des activités : 31 janvier 1992

**Rôle** : S'assurer que le Costa Rica, le Salvador, le Guatemala, le Honduras et le Nicaragua ont cessé d'aider les troupes ir-régulières et les mouvements insurrectionnels en activité dans la région, et voir à ce que le territoire d'un État ne serve pas de base d'attaque d'un autre pays. L'**ONUCA** devait participer à la démobilisation de la résistance nicara-guayenne et surveiller le cessez-le-feu et le rapatriement des forces.

**Dépenses de l'ONU** au 7 novembre 1990 : 56,9 millions de dollars.

**Commandants**

| | |
|---|---|
| Mgén A. Gomez (Espagne) | 21 nov. 1989 - 20 déc. 1990 |
| Bgén L.W. MacKenzie (Canada) | 21 déc. 1990 - 17 mai 1991 |
| Bgén V.S. Pardo (Espagne) | 18 mai 1991 - 31 janv. 1992 |

**Pays participants** : Argentine, Brésil, Canada, Colombie, Équateur, Espagne, Inde, Irlande, Suède et Venezuela. Du personnel médical et des équipages aériens sont fournis par l'Allemagne.

L'**ONUCA** a été créé par le Conseil de sécurité de l'ONU, le 7 novembre 1989, à la demande de cinq pays d'Amérique centrale. Le Costa Rica, le Salvador, le Guatemala, le Honduras et le Nicaragua se sont engagés à cesser d'aider les troupes irrégulières et les unités insurrectionnelles et à ne pas permettre que leur territoire serve de base d'attaque. Quatre mois après la création de l'**ONUCA**, l'ONU était autorisée à apporter son concours aux efforts de démobilisation volontaire des forces de résistance nicaraguayennes. Un mois plus tard, le Groupe recevait en outre pour mission de surveiller le cessez-le-feu et de séparer les forces en présence au Nicaragua. Du 16 avril au 29 juin 1990, 22 000 membres de la résistance nicaraguayenne ont été démobilisés et leurs armes, détruites. La mission s'est poursuivie jusqu'au 31 janvier 1992.

Un observateur militaire canadien, le capt Bob Taylor, et des observateurs espagnols et colombiens donnent des instructions à un groupe de rebelles Contras pendant une opération au Nicaragua - avril 1990.

# CHAPITRE 24

# OPÉRATION D'APPUI DE LA RÉSOLUTION 665 DES NATIONS UNIES DANS LE GOLFE PERSIQUE ET AU KOWEÏT 1990-1991

(Force non créée sous les auspices des Nations Unies.)

## Résolutions des Nations Unies

Le 2 août 1990, les forces militaires iraqiennes, sous la direction du président Saddam Hussein, envahissent le Koweït dans le cadre d'une attaque massive, forcent le gouvernement légitime du Koweït à s'exiler et soumettent la population koweïtienne à l'autorité d'un gouvernement illégitime, à des actes de violence et à des exactions. Les Nations Unies condamnent le geste de l'Iraq dans une série de douze résolutions du Conseil de sécurité; en dix-sept semaines, l'ONU durcit progressivement sa position : alors qu'elle n'exige au départ qu'un retrait des forces iraqiennes du Koweït (résolution 660, 2 août 1990), elle en vient à envisager d'utiliser la force (résolution 678, 29 novembre 1990).

## Groupe opérationnel du Canada

Soucieux d'appuyer les Nations Unies, le gouvernement canadien annonce, le 11 août 1990, qu'il enverra dans la région du golfe Persique une force navale chargée de participer aux opérations de la Force multinationale et de faire appliquer les dispositions des résolutions du Conseil de sécurité des Nations Unies relatives à l'Iraq. Le Groupe opérationnel du Canada (GOCA) est formé des NCSM Athabaskan, Terra Nova et Protecteur et il comprend des éléments aériens et de défense aérienne. Il quitte Halifax le 24 août 1990 et atteint Manama, au Bahreïn, le 30 septembre 1990. Le GOCA se joint à la force d'interception multinationale et participe à l'inspection de navires marchands, dans le secteur central du golfe Persique, conformément aux résolutions 661 et 665 de l'ONU.

Avant que la mission du Groupe ne soit changée compte tenu du délai du 15 janvier 1991 imposé par l'ONU au retrait des troupes iraqiennes du Koweït (résolution 678), les trois bâtiments ont réalisé une importante proportion des interceptions et des arraisonnements de la force d'interception multinationale dans le Golfe.

## Groupe opérationnel aérien du Canada - Moyen-Orient

Le 14 septembre 1990, le gouvernement canadien annonce également qu'un escadron de CF 18 sera déployé dans le golfe Persique pour apporter son soutien aux forces aériennes de la coalition qui assurent la protection de la force d'interception navale multinationale. Dix-huit CF 18 du 419ᵉ Escadron de la BFC Baden, en Allemagne, atteignent al-Dawha, au Qatar, du 8 au 11 octobre 1990. Les opérations des patrouilles aériennes de combat (PAC) au-dessus du golfe Persique commencent le 13 octobre 1990. En décembre 1990, le 419 EEAT est

remplacé par des membres du 416 ECTT de la BFC Cold Lake et du 439 ETAC de la BFC Baden.

# FORCANMO

Le 6 novembre 1990, les Forces canadiennes au Moyen-Orient sont placées sous le commandement du commandant des Forces canadiennes au Moyen-Orient (FORCANMO), au quartier général récemment établi à Manama (Bahreïn). Le commodore Ken J. Summers, commandant du GOCA jusqu'alors, assume le commandement des FORCANMO et agit comme commandant des forces et du personnel canadiens dans le théâtre des opérations du golfe Persique.

Une grande partie des 2 000 militaires canadiens qui ont été associés aux opérations de la force d'interception multinationale ont été rapatriés après la guerre du Golfe, en mars et avril 1991. Le Groupe opérationnel naval est rentré à Halifax le 7 avril, les équipages des NCSM Athabaskan et Terra Nova ayant été en mer pendant plus de sept mois.

Les NCSM Athabaska, Protecteur et Terra Nova, pendant l'opération Friction. Force opérationnelle du Canada dans le golfe Persique -1991.

## CHAPITRE 25

# GROUPE D'OBSERVATEURS DES NATIONS UNIES POUR LA VÉRIFICATION DES ÉLECTIONS EN HAÏTI - ONUVEH 1990-1991

**Autorisation** : 10 octobre 1990.

Fin des opérations : février 1991.

**Rôle** :  Observer le déroulement des élections.  Participer à l'élaboration des plans de sécurité des élections et en observer la mise en application.

Dépenses de l'ONU : 3,5 millions de dollars.

**Responsable de la sécurité** :
  bgén G. Zuliani (Canada).

En mars 1990, le gouvernement provisoire d'Haïti a demandé à l'ONU de l'aider à assurer la supervision des élections.  L'Organisation des États américains (OEA) a également été invitée à fournir des observateurs.  L'ONU et divers États ont fourni un état-major de 39 membres, 154 observateurs et 64 spécialistes des questions de sécurité.

La tâche première de l'**ONUVEH** consistait à contribuer à l'établissement d'un climat propice à la tenue d'élections démocratiques.  Cela a signifié des contacts étroits avec les autorités locales, et notamment les militaires et les responsables des élections.  L'**ONUVEH** a mené à cette fin une active campagne de presse, à la radio et à la télévision.

Même si la sécurité des élections demeurait la responsabilité des forces armées haïtiennes, des liens étroits ont été établis, selon les termes de la demande du gouvernement haïtien, entre les conseillers de sécurité de l'**ONUVEH** et les forces armées.

La campagne s'est déroulée dans un climat d'impartialité, sans vandalisme ni intimidations et sans que les médias soient soumis à des restrictions.

Le premier tour des élections a eu lieu le 16 décembre 1990; les électeurs élisaient le président, des députés et des représentants locaux.

Quatre-vingt-deux équipes d'observateurs de l'**ONUVEH** étaient au travail et, à la fermeture des bureaux à 18 h, elles s'étaient rendues dans près de 2 000 bureaux de scrutin.  Des observateurs accrédités des partis politiques haïtiens étaient présents dans les bureaux de vote.

**L'ONUVEH** et les observateurs de l'OEA ont procédé à un "décompte rapide" des votes dans un échantillon de 150 bureaux de scrutin et, dès 22 h ce soir-là, ils avaient prévu l'issue de l'élection et communiqué ce renseignement au Conseil électoral intérimaire d'Haïti. Le 24 décembre 1990, Jean Bertrand Aristide était proclamé vainqueur; à la publication des résultats finals, deux semaines plus tard, on a su qu'il avait recueilli 67 % des suffrages.

Cette mission était inhabituelle. Grâce toutefois aux efforts d'Haïti et de l'ONU, elle a permis que soient tenues pour la première fois des élections démocratiques en Haïti.

En septembre 1991, Jean Aristide était renversé dans un coup d'État. La situation n'était pas revenue à la normale à la mi-octobre 1991.

Le bgén G. Zuliani discute avec un observateur militaire français et un policier haïtien, à Poraupaix (Haïti) - janvier 1991.

# CHAPITRE 26

# MISSION D'OBSERVATION DES NATIONS UNIES POUR L'IRAQ ET LE KOWEÏT - MONUIK 1991

**Autorisation** : 3 avril 1991

Toujours en activité

**Rôle :**      Contrôler la voie navigable Knor Abdullah entre l'Iraq et le Koweït ainsi qu'une zone démilitarisée s'étendant sur dix kilomètres en Iraq et cinq kilomètres au Koweït. Décourager les violations de la zone et en assurer la surveillance. Observer toute action hostile.

Dépenses prévues de l'ONU : 61 millions de dollars pour les six premiers mois.

**Commandant :**

      mgén G. Greindl (Autriche)      depuis avril 1991.

**Pays participants** : Argentine, Autriche, Bangladesh, Canada, Chili, Chine, Danemark, États-Unis, Fidji, Finlande, France, Ghana, Grèce, Hongrie, Inde, Indonésie, Irlande, Italie, Kenya, Malaysia, Népal, Nigeria, Norvège, Pakistan, Pologne, Roumanie, Royaume-Uni, Sénégal, Singapour, Suède, Suisse, Thaïlande, Turquie, URSS, Uruguay et Venezuela. (On remarquera que les membres permanents du Conseil de sécurité de l'ONU sont tous représentés.)

À la fin de la guerre du Golfe, le Conseil de sécurité de l'ONU a énoncé les conditions d'un cessez-le-feu. Le 9 avril 1991, la **MONUIK** était créée, son mandat initial étant fixé à six mois.

Au départ, la **MONUIK** a déployé quelque 700 militaires de l'ONU dans la zone démilitarisée; les troupes ont cependant été retirées dès que la situation s'est stabilisée. Le Canada a fourni une unité de génie de campagne chargée de déminer la zone d'opérations de l'ONU et de la débarrasser des munitions non explosées. Ce rôle devrait évoluer au fur et à mesure que la situation reviendra à la normale.

L'adj Steve Mears se prépare à détruire un obus non explosé, au Koweït.
R. Koopmans, Chilliwack Progress.

# CHAPITRE 27

# MISSION DES NATIONS UNIES POUR L'ORGANISATION D'UN RÉFÉRENDUM AU SAHARA OCCIDENTAL - MINURSO 1991

**Autorisation** : 29 avril 1991

Toujours en activité.

**Rôle :**        Avec l'entier appui du Conseil de sécurité et la pleine coopération des deux parties, mettre fin aux actes d'hostilité. La mission doit compter sur l'entière collaboration des pays voisins et l'aide financière des pays membres.

**Durée** : du 29 avril 1991 à nos jours.

**Dépenses de l'ONU** : le budget des dépenses de la **MINURSO** a été approuvé par l'Assemblée générale le 17 mai 1991 et il s'élève à 180 617 000 $.

**Commandant :**

      mgén A. Roy (Canada)             juin 1991.

**Pays participants** : Argentine, Australie, Autriche, Bangladesh, Bulgarie, Canada, Chine, Congo, Égypte, États-Unis d'Amérique, Finlande, France, Ghana, Grèce, Guinée, Honduras, Inde, Indonésie, Irlande, Italie, Kenya, Malaysia, Népal, Nigeria, Pakistan, Pérou, Pologne, Royaume-Uni de Grande Bretagne et d'Irlande du Nord, Singapour, Suisse, Tchécoslovaquie, Togo, Tunisie, Turquie, Union des républiques socialistes soviétiques et Venezuela.

En août 1988, le Maroc et le Frente Popular para la Liberacion de Saguia el-Hamra y de Rio de Oro ont commencé à travailler à une suspension des hostilités au Sahara occidental. Ces premiers pourparlers devaient mener à la négociation d'un cessez-le-feu et à la tenue d'un référendum libre qui permettrait à la population du Sahara occidental de choisir l'indépendance ou l'intégration au Maroc.

Le cessez-le-feu devait être contrôlé par des militaires de l'ONU et suivi d'un échange de prisonniers de guerre, sous la supervision de la Croix-Rouge internationale. Le Maroc a accepté de replier progressivement ses troupes. Les combattants des deux côtés doivent être confinés à certains secteurs où ils seront surveillés par des troupes de maintien de la paix de l'ONU. En temps utile, l'ONU organisera un référendum. L'ONU contrôlera l'administration du territoire, y maintiendra l'ordre public et veillera à ce que le référendum soit équitable et libre.

Le mgén Armand Roy, du Canada, est arrivé dans la région le 1<sup>er</sup> août 1991, et la mise sur pied des troupes a commencé. La mission devrait durer de huit à dix mois.

Le major-général A. Roy discute avec deux membres du Front Polisario - février 1992.